交界译丛

实用主义

Pragmatism

〔美〕约翰·R. 舒克 著
程都 译

商务印书馆
创于1897 The Commercial Press

Pragmatism by John R. Shook

Cambridge, MA: MIT Press, 2023

中文版译自麻省理工学院出版社2023年版

涵芬楼文化出品

中译本序言

在我们的日常生活中，如果说一个人是实用主义者，那么往往意味着这个人在做决策和行动时，会考虑行动或选择是否能够带来实际的好处或解决问题，而不是过分关注其是否符合某种理想或原则。这种说法在不同的语境下可以是褒义的，也可能被视作是贬义的。与日常用法中较为直观的共识不同，若在哲学语境中说一个人是实用主义者，就不再那么容易说得清。不乏学者受日常理解的影响，认为实用主义就只是强调效果和有用的一种理论，缺乏对理智更高层次的追求。本人在求学期间曾听说过一则逸事——某哲学系研究德国古典哲学的教授直言不讳地跟一位研究实用主义哲学的教授说："尝试研究点别的吧，实用主义没有前途。"好在后者比较有风度，只是礼貌地表示不赞同，便继续自己的实用主义研究了。虽只是一则逸事，却也折射出在哲学领域里，部分学者对实用主义的理解和评价并不总是准确和客观的。

那么，实用主义到底是什么呢？到底怎么理解实用主义？作为一种哲学理论，实用主义当然不是人们通俗印象里那个一味只看“有用–无用”的学说。但要给实用主义下一个准确定义，却也不容易。20世纪初，在实用主义刚刚在哲学界获得一定关注的时候，美国哲学家阿瑟·奥肖·洛夫乔伊（Arthur Oncken Lovejoy）就试图系统地区分出至少十三种各具特色的实用主义主张[①]，就此说明“实用主义”在当时已经成为一个复杂的问题域。某些实用主义者更多地关注真理的可验证性（譬如将知识与经验检验联系起来），而另一些则倾向于强调概念与行动、社会功用之间的联系等等。而在实用主义发展几十年后，尼古拉·雷谢尔（Nicholas Rescher）对实用主义做出又一区分：一是更具灵活性的“左翼实用主义”，如詹姆斯、席勒、罗蒂；另

① Arthur O. Lovejoy, “The Thirteen Pragmatisms. I”, *The Journal of Philosophy, Psychology and Scientific Methods*, Vol. 5, No. 1 (Jan. 2, 1908), pp. 5-12.

一种则是更为保守的“右翼实用主义”，如皮尔士、刘易斯和他自己。他也援引洛夫乔伊的那篇文章表示，实用主义的数量似乎与实用主义者本身的数量一样多。[①]由此可见，实用主义作为一种哲学流派或立场其思想内涵是丰富且充满歧义的。

实用主义者的多样性恰恰让实用主义这种哲学本身变得有趣起来。为什么那么多似乎并不完全相同的思想家都称自己为实用主义者？到底是什么让他们都愿意接受实用主义者这样的身份呢？如果我们采用意大利实用主义者帕皮尼（Papini）的比喻，实用主义就像是一个酒店的走廊，连通着通向不同领域的房间——那么，这个走廊的结构和轮廓是否可以被清晰地描绘出来呢？

在本书中，舒克教授所做的工作，便可视为为这条“实用主义走廊”绘制一幅尽可能清晰的结构图，即对实用主义这门哲学的一次系统化梳理。他试图跳出对实用主义的众多不同阐释，转而讨论一种具有“最大公约数”意义的实用主义；并进一步强调，实用主义不仅仅是一种澄清

① Rescher, Nicholas, *Realistic Pragmatism: an introduction to pragmatic philosophy*, Albany: State University of New York Press, 2000, p.64.

概念的方法、科学探究的方法或一种关于真理的观点，更重要的是它作为一种世界观——也就是关于诸多重要哲学问题——的体系化主张。与一些人将实用主义简单等同于相对主义的世界观不同，舒克在书中指出，这种世界观仍坚持若干基本原则。按照其观点，实用主义的根本在于超越传统的西方二元论，并在变动和不确定性中以现实的实践来应对并创造一切：

> 实用主义通过诉诸连续性、语境和潜在性来克服二元性，用演化、发展和实践的话语来理解关于心智和认知的一切，并以相互关联以及生态的方式研究人类行为和生活活动的现象。

从实用主义的当代发展来看，正是这些基本原则支撑着各种不同领域的“实用主义转向”[①]运动得以发生。例如，

① “实用主义转向”这个说法出现在很多不同的领域，但这一提法最具影响力的来源当属美国哲学家理查德·J. 伯恩斯坦（Richard J. Bernstein，1932—2022）。参见：Richard J. Bernstein. *The Pragmatic Turn*, Malden, MA: Polity Press, 2010。

20世纪后半叶以来，认识论、语言哲学、心智哲学以及认知科学哲学等领域，都逐渐从关注表征、语义、真理符合或内在心智世界的模式，转向更强调实践、语用、效果、行动以及社会性互动的模式。在某种意义上，“实用主义转向”可被视为20世纪“语言学转向”之后，对当代哲学产生深远影响的另一重要潮流。

实用主义不仅仅与当代具体领域思想产生了共振，还与古典思想也产生了深刻的回响，并通过这种回响进一步对当代哲学产生深远影响。这其中最显著的一个领域，就是前文那位对实用主义不以为然的教授所关心的德国古典哲学。在新实用主义者罗伯特·布兰顿（Robert Brandom）的工作中，我们看到了黑格尔关于社会、历史、精神和主体间承认（recognition）等观念的洞见，如何与当代实用主义中的“共同体探究”“语言–行动交互”等议题在根基上息息相通，并展现出相互借鉴和共同发展的潜力。例如，在布兰顿的视角下，黑格尔的理论可视为对人类如何在实践（行动、语言、规范）的相互塑造中形成客观性与理性的历史性说明。从实用主义的视角来说，德国古典哲学为之拓展了规范与历史维度的理论细节；而从德国古典哲学的视角来说，实用主义则为其在当代分析哲学领域的复兴提供了一座关键的桥梁。

由此可见，实用主义在多个方面都体现了旺盛的生命力。已经有不少国内学者敏锐地观察到了实用主义的价值，并对之进行了相当深入的研究。例如陈亚军的《实用主义：从皮尔士到布兰顿》和《超越经验主义与理性主义》两部著作，分别从实用主义阵营内部和外部对其哲学思想做了详细的介绍和阐释；孙宁的《古典实用主义的线索与视域》则从问题史和思想史的角度挖掘了古典实用主义在“实在和感知”这两个核心议题上的复杂立场；周靖的《剑桥实用主义》则将实用主义的谱系拓展到了以拉姆塞和维特根斯坦为代表的英国剑桥。这些著作在细节上是非常翔实的，且在研究上也具有一定的创新性，但对于一般读者而言却是具有一定门槛的，往往需要较为扎实的哲学史和分析哲学背景知识。

舒克教授的这部著作则采取了另一种思路：以实用主义在诸多重大哲学论题上的立场为中心，直接讨论它们对于实在、真理、知识、心智、社会等问题的态度。通过这种提纲挈领的方式，本书清晰地展现了实用主义的内涵及其相对于其他哲学理论的优势。对于非实用主义研究的学者、哲学系学生以及一般有兴趣的读者而言，这都是一部非常值得一读的入门材料。固然，作为一本较为通俗的导引性读物，本书在具体理论的展开上会显得简略。然而，简略却不失准确。就国内现有实用主义研究文献而言，本书的视角与形式可谓有力且可贵的补充。

程　都

2025年2月

目　录

前 言 ix

实在、真理、心智

任何一本限于五万字且不附副标题的关于思想运动的书籍，都不可能覆盖其标题所蕴含的一切内容。让我用一个带有恰当副标题的简短前言，来对那些没能写到的，也对已经写下的内容表示抱歉。很遗憾，关于实用主义的很多内容无法在书中呈现。这本书不是一个全面的调查，也不是一个简单的总结。实用主义怎么可能有可被简单概括的最终定论呢?

为了让实用主义保持其实用性，本书列出了它的一些主要哲学观点，以备进一步讨论。各章节解释了实用主义如何思考什么是实在、我们可以知道什么，以及心智如何运作。这本书寻求的读者群体不仅仅是哲学家，因为实用主义的影响远远超出了哲学领域。实用主义影响着每一个学术领域，很多领域都依赖于它的持续重要性。这本书的内容能帮助非哲学家通过哲学基础来理解各个领域的基本原则。

至于哲学家，书中紧凑直接的内容可能看起来更像是论战性质的而不是实操性质的。不过在此，似乎无须道歉。通过与其他观点的对比来阐明观点，在哲学上是有价
x 值的。理解与包容也很重要。实用主义因其在不同“主义”之间调和的作用而赢得了声誉，这促进了不同观点的连接与融合。

尽管如此，实用主义坚持修改或替换那些主导西方思想的僵化信条。特别是当文明到达历史性的交汇点时，智识上的对抗是不可避免的。在这样的时刻，学科的凝聚力至关重要，不同哲学观点间的合作也有其作用。在这样的情况下，记录实用主义所提供的特有贡献就十分符合时宜。

受惠于实用主义同僚的诸多学术支持，无法在此一一列举。但请允许我做出这样的致敬：献给约瑟夫·马戈利

斯（1924—2021），他的去世黯淡了哥伦比亚实用自然主义的光芒，但其光芒不会熄灭。

弗吉尼亚州，亚历山大

2022年夏天

1

第一章　实用主义：一个新确认观念的旧名称

尽管“实用主义”是一种源自美国的思想运动的名 1
称，然而其理念已经传播到了世界各地。少有哲学流派能既成为伟大思想体系的一部分，又在公众观念中占据一席之地。古代的斯多葛主义和文艺复兴时期的人文主义就是这种混合体的典范，而现代的例子有自由主义、存在主义和实用主义。

尽管实用主义的思维方式满足了现代人对各种问题的广泛好奇心和探索欲，但这种思想本身比其准确的名字要古老得多。在西方哲学、东方思想和原住民智慧传统中，我们都能找到它的先驱和同类。

那些长青的哲学体系通过探索心智的本质、生命的本性以及宇宙的起源来反思人性。实用主义则在我们明智地追求尘世的机遇和有价值的愿景中，找到了我们的共同人性。

2 从艺术和仪式，到科学和技术，迄今为止，没有任何真诚的评价能够否定我们作为一个物种所取得的成就。那些偏好非尘世追求和超越经验世界目标的哲学流派，却贬损我们人类的实用智慧、怀疑人类理想。然而，实用主义者坚决抵制二元论，坚持人文主义，他们提出了一种在动态宇宙观中融合精神性与生物活力的理念。生活不仅值得过，还值得过得更好。

实用主义：一个体系

这本书解释了实用主义关于实在、真理、知识、科学、心智、社会和文化的核心观念。在此过程中，该书将实用主义与相对立的世界观原则进行了比较，最终引出了实用主义关于社会心理学、生态心智和哲学人类学的理论。我们必须停在这里。然而，这些基础知识可以引导读者进一步探索诸如美学、伦理学、政治学、法学、科技、教育和宗教等规范性领域的实用主义路径。

在实用主义中，得到最多关注的是其主要代表人物：查尔斯·桑德斯·皮尔士（1839—1914）、威廉·詹姆斯（1842—1910）、约翰·杜威（1859—1952）和乔治·赫伯特·米德（1863—1931）。指望仅从其创始人那里得到实用主义的最佳版本是不切实际的。当代实用主义在许多章 3
节中都扮演着重要的作用。实用主义创始人的关键原则与后来的科学和学术进步是一致的，并得到了后者的确认。

从创始人那一代到现在，经过更新的版本已经让实用主义焕发了新的活力，有些被称为“新实用主义”（neo-pragmatism）或者“新的实用主义”（new pragmatism）。就在皮尔士1914年去世后的几年，米德在芝加哥大学的同事查尔斯·莫里斯，便以对詹姆斯、杜威以及皮尔士的敬仰之情，宣布了他的“新实用主义”。从那时起，就一直存在着“新”实用主义，名虽各异，其精神却始终如一。[1]

许多思想家在对实用主义传统知之甚少的情况下，却实际上重新发现了实用主义。另一些人出于对其创始人理念的片面记忆，以及被反对派哲学扭曲后而流传下来的误解，而否认“实用主义”。实用主义作为一种长青的哲学理念得以延续，是以原则为基础，而非以个性为基础的。

这种开放性是实用主义的特征。在此，没有深奥的论述、模糊的教义或者虔诚的门徒。只要一种哲学思想欣赏生命的历史偶然性和理智的生产力，那么它实际上就变得像实用主义了。

实用主义并不像其他以“主义”为标签的特定论点或者意识形态，例如经济学中的“社会主义”和“资本主义”，或者政治中的“保守主义”。实用主义的“主义”代
4 表的是一种体系性的世界观，这种世界观为哲学的主要领域提供了凝聚性的原则和宗旨。实用主义有关实在、真理、知识和认知（这些涉及形而上学、逻辑学、认识论和心智哲学的话题）的观点，与其对道德、正义、美和一般性价值（这些涉及伦理学、政治学、美学和价值学的话题）的处理方式是相互协调的。

因此，实用主义可以为关于人性、语言、文化、艺术、社会组织、宗教、政府、法律、教育、数学、科学、技术以及生活中任何事业的理论提供建议和批评。与大多数哲学思想流派不同，实用主义可以应用于所有人文和学术的领域，许多学科的进步也反过来为实用主义做出了贡献。篇幅有限，本书无法对美学、伦理学、政治学、文化

研究、科学与技术哲学以及宗教哲学中的实用主义理论进行全面的考察，尽管最后的章节勾勒出了这些贡献的原则性基础。

必须再次强调，实用主义有一个体系。本书并不是对各个具有代表性的实用主义者进行注解性考察的陈词滥调，也不会把实用主义当作一个只有家族相似性的反叛观念的集合来对待。毫无疑问，每一位实用主义者都值得深入研究，他们之间的差异与他们之间的共识一样重要。已有许多作品探讨了他们独特观点之间的分歧。[2] 评注者们试图发现两个、三个、四个或更多的实用主义——甚至是在 5
同一个实用主义者的著作中。

如果实用主义可以主张几乎任何论题，那么其理智价值就将几乎降至零。在实用主义被贬低到主观主义或相对主义，或与享乐主义或功利主义相关联，或被分类为另一种反基础主义或后现代主义之后，实用主义的内涵就所剩无几了。正如本书所解释的，实用主义并非是分裂的或无方向的。“实用的”看起来与“有原则”相反，但实用主义对哲学的主要领域和永恒问题提供了有原则的立场。本书解释了为什么有一种哲学世界观可以名副其实地被称为实用主义，并且在实用主义者们拓展其对生活的适用性的过程中被不断坚持着。

本书的初始章节阐述了实用主义的基础性原则。实用主义从来都不仅仅是关于心智、知识或真理的理论，尽管这些主题让实用主义得到了最多的关注，也受到了最多的鄙夷。只有一个完整的哲学世界观才足以达成超越所有以前的哲学并实现人文科学与自然科学和解的目标。

皮尔士率先提出了自巴鲁赫·斯宾诺莎、康德和黑格尔以来最具原创性的体系，结合形而上学、符号学和逻辑学，以解释心智在宇宙发展中的生长。他关于真理和知识的理论帮助詹姆斯构建了他自己的经验主义和多元主义哲
6 学。杜威则配合他的文化哲学，整合了他自己版本的经验自然主义。这种包罗万象的哲学乐于接受社会科学和自然科学的接触和交叉。

现今的社会和行为科学正在重新确认实用主义的观点。当代实用主义与发展心理学、无意识、理性-情感-意志的整合、神经可塑性、具身认知和延伸心智的理论结合了起来。这些理论在古典实用主义者的著作中均有原型。古典实用主义者试图在生物和社会环境中理解心智，

以反对任何将心智描绘为根本上被动的、易受影响的、直观的、反思的、表征的或机械性的哲学。

实用主义者拒绝将自然与文化分割开来，并为科学研究人类的独特倾向——如艺术、语言、共同体和神话——的起源提供了哲学支持。实用主义很怀疑理性主义、形而上学或神学框架是解释人类创造性、理性或人格的必要条件。在社会理论和政治学上，实用主义则强调历史主义、文化多样性、社会正义和自由民主。

实用主义要是没有对实在及我们在其中位置的根本问题提出新颖而深刻的观点，它就不会进入伟大的哲学体系 7
之列并反抗古老的世界观。实用主义是少数几个优先考虑变化和暂时性而非形式和永恒性的思想运动之一，它削弱知识和真理的必要性和确定性，并将个体性和社会性描绘为相互依存的两个方面。

实用主义通过诉诸连续性、语境和潜在性来克服二元性，用演化、发展和实践的话语来理解关于心智和认知的一切，并以相互关联以及生态的方式研究人类行为和生活活动的现象，这些使之进一步区别于其他理论。

概念中的实用主义

哈佛大学的心理学家和哲学家威廉·詹姆斯以1907年的《实用主义》一书，为新兴的实用主义运动赢得了广泛关注，该书由在学术和公共讲座上发表的演讲稿编成。它的副标题是“某些旧思想方法的新名称”。詹姆斯回顾曾经充满了大量的抽象理性主义和经院主义的时代，所有人都被超越经验世界的目标所吸引，而他却选择了那个少数反对派的立场——聚焦于现实经验中的世俗事务。

8 他的开篇献词是这样写的：“纪念约翰·斯图尔特·穆勒，我首次从他那里学到了实用主义的开放思想，我幻想如果他今天还在世，他将会是我们的领导者。”穆勒在三十四年前，即1873年去世，那时詹姆斯只有三十一岁；在那个时代，经验科学的哲学盟友寥寥无几。詹姆斯自己在《实用主义》出版后仅三年就去世了，那时对科学的哲学敌意正达高潮。各种神学、观念论、二元论和现象学争相胜出，试图证明科学无法充分认识实在。实证主义和唯物主义被视为是非哲学的，而可容忍的实在论必须将客观世界与认识它的主观心智组成一个对子。经验主义再次处于摇摇欲坠的境地。

詹姆斯大胆地呼吁盟友们在实用主义的新旗帜下团结起来。他宣称：

> 实用主义代表了哲学中一种非常熟悉的态度——经验主义态度，但在我看来，这种经验主义以一种更激进且不那么令人反感的形式得以呈现，这是它以前从未采取过的。一个实用主义者坚决地并且一劳永逸地背离了许多专业哲学家所珍视的根深蒂固的习惯。他远离抽象和不足，远离言语上的解决方案，远离糟糕的先验理由，远离固定的原则、封闭的体系，以及 9
> 伪装的绝对性和起源。他转向具体性和充分性，转向事实，转向行动，转向力量。这意味着经验主义者的态度占据主导，理性主义者的态度被真心实意地放弃了。这意味着自然界的开放空间和可能性，也意味着对抗教条、人为造作和在真理中虚假的终极性。[3]

詹姆斯从反叛的联盟中受益良多，这可以追溯到他在哲学领域作为学徒时期的日子。19世纪70年代，在剑桥形而上学俱乐部中的年轻哈佛同伴们，对穆勒的经验主义、康德的超越论以及达尔文的进化论进行了激烈的辩论。

昌西·赖特曾受到来自达尔文的激励，探讨了演化对心理学和精神哲学的影响。尼古拉斯·圣约翰·格林和查尔斯·皮尔士对另一位英国哲学家兼心理学家亚历山大·贝恩印象深刻，贝恩曾宣称信念是“一个人准备采取行动的基础”[4]。皮尔士后来在约翰·霍普斯金大学指导了心理学实验。约翰·杜威向皮尔士学习逻辑和科学方法，并从下一位约翰·霍普斯金大学的心理学家、也是詹姆斯在哈佛大学的学生G. 斯坦利·霍尔那里学习心理学。当然，
10 詹姆斯本人在撰写《实用主义》时，不仅在哲学方面很出名，在心理学方面也相当出名。

对经验主义者议程而言，关注**经验**体验是至关重要的。然而，詹姆斯也将实用主义描述为一种关于**思考**的思维方式：思考到底是什么，它的目的是什么，以理解如何做到正确思考。詹姆斯支持那些始终与理性主义争论不休的经验主义哲学家。将一种更好的知觉学习理论与过时的理性主义思考观相对比，只会模糊经验主义的优势，并使其暴露于理性主义的驳斥之下。

经验主义的优势在于其对新奇和创造性的接受能力。与理性主义对概念演绎的固守相比，经验主义从现象中的归纳则显得反复无常且支离破碎。真理本身似乎就处于危险之中。真理难道只能等同于已经熟悉且不可否认的信念吗？在一个演绎上封闭的智识中，是没有真正探索空间的。新的和令人不安的真理对那些固守成见且并无好奇心的人来说，总是难以想象的。但与此同时，更好的知识、更多的知识，都存在于未来。

实用主义确实关乎未来。没有哪个真理好到不能在未来检验其价值。詹姆斯宣称："真理是所有能证明自身就信念而言是好的，以及因明确、可指派的理由而是好的东西的名称。"[5]使任何真理为真的，并不是因为它易于想象或在 11
过去的盛行，而仅仅是因为它持续的可靠性。

> 实用主义……提出了它常见的问题："假设一个想法或信念是真的，它被认为是真的将会在任何人的实际生活中产生什么具体的不同？真理将如何被实现？如果信念是假的，会有哪些不同的经历？简而言之，这个真理在经验术语中的兑现价值是什么？"……一

> 个观念的真并不是它与生俱来的属性。真出现在一个观念上。它成为真，由事件使之成为真。它的真实性实际上是一个事件、一个过程，即证实自己的过程，是它的证－实（veri-*fication*）。它的有效性是它确－证（valid-*ation*）过程的过程。[6]

借着这些煽动性的言辞，这场革命宣布从理性主义中独立出来了。在这场言辞之战中，关于实在的争论领域并未被任何一方遗忘。关于世界的真理，难道不是由实在的实际情况所决定的吗？一个真实的事物，今天就可以真实地存在，而不用等到明天的证实。理性主义拥有它自己的盟友，比如这种常识实在论。通过人类的证实来创造真理，听起来就像是创造那要去认识的实在。

13 即使是詹姆斯的第一个实用主义盟友皮尔士，也蔑视那种反实在论："有些干枯的学究从未觉醒到这样一个真理，即认识一个实在对象的行为会改变它……我就是他们中的一员。"[7]然而，就像皮尔士关于真理的格言一样，詹姆斯并没有要求任何人承认对真理的认识就等同于对认识对象的创造。对于实用主义者来说，证实创造了知识，他们一个观念的真并不是它与生俱来的属性。真出现在一个观念上。它成为真，由事件使之成为真。

——威廉·詹姆斯

所要求的只不过是在这种证实过程中有实在对象的参与。总有些人抱怨这一要求听起来像是对实在过于不切实际的批评，詹姆斯对此感到沮丧。

实用主义的这一要求，即任何实在的事物在某处都有其意义，与任何理性主义的实在论一样实在，因为证实不可能对任何实在的事物构成威胁。毕竟，只有不真实的事物才会在证实中失败。为什么真理不应该植根于事物被认知为实在的方式呢？实在不应该抵制它自身的实现。常识实在论是否认为，在任何证实之前，任何观念都是真的？经过证实的知识在被证实之后才被标记为“真理”，而不是之前。在任何验证之前，想法只是想法，没有人能知道其背后是否有实在的支持。

一种将实在仅仅等同于人所构想之物的哲学将是反实在论的，而不是实用主义的，正如詹姆斯在他后来的书籍《真理的意义》（1909）和《多元的宇宙》（1909）中坚持主张的那样。自称实在论的捍卫者们同样坚持认为，认
14 知是一种心智活动，但心智不能仅仅通过认知实在而影响它。将创造真正实在的任务赋予心智，就与观念论一致了。詹姆斯时代的实在论者正试图结束一个世纪以来观念

论对哲学的统治。神学对大学教育的统治正在结束，实在论阵营希望在专业化的大学哲学中只有一个范式。无论是观念论还是实用主义，都被认为与其严格的实在论不相容。

詹姆斯非常清楚专业哲学家面临的高风险，但学院哲学并不是他唯一的受众。要改变整个智识世界以及大众的思想，需要一个高明的做法。必须巧妙地运用修辞和辩证技巧来使用艺术性的语言。大众的想象力可以被抓住，但随着热情的消退，听起来激进的话语就会变成陈腐的口号。

对于实用主义是什么意思，批评者不乏立各种“稻草人”的做法①。真理仅仅是相信有用的东西吗？随着有利可图的观点的增多，真理是否也在增多？知识必须屈服于权力吗？理性仅仅是欲望的仆从吗？实用主义被指责将和谐的宇宙化解为任性自我的游乐场，并将人类引以为豪的理智贬低到与愚钝的动物同等水平。

---

① “稻草人论证”或“稻草人攻击”，是一种常见的逻辑谬误，即故意歪曲对方的观点，为使其容易被反驳，而不是针对对方真正的立场进行反驳。——译者［本书页下注均为译者注，后不另注］

詹姆斯对此毫不畏惧。在出版了他的著作《实用主
15 义》之后，詹姆斯给他的兄弟亨利写信，谈论到实用主义
的影响：“对于那种普遍思维方式的决定性胜利，毫无疑
问——我相信它可与新教改革相提并论。”[8]

就像宗教改革一样，哲学革命从不是短暂且决定性的。在过去的一百年中，实用主义的戏剧性崛起、在人文和社会科学中的长期扩散，以及近期的复兴，实现了詹姆斯关于智识世界需要充足的时间来辩论、消化和融合激进思想的预言。哲学领域长期以来抵制整合，同时将实用主义描绘为谬误的巢穴。在清除了历史学、人类学、社会学和心理学之后，理性主义继续辩论如何分析不涉及特定人物和特定事物的推理。

语境中的实用主义

在英语哲学和欧陆哲学之间彼此竞争的流派，都在指控实用主义的主观主义、心理主义、相对主义和反实在论的时候达成了一致。实用主义在一个几乎每个哲学系统都有拥护者和活跃思想学派的时期出现并成熟。

从1860年到1940年，哲学流派的多样性令人困惑：各
种形式的观念论和超越论蓬勃发展并与现象论和现象学的 16
各种版本相竞争；实在论的范围则遍及从二元论的经验主义到经院主义不等；选择自然主义的哲学家们围绕着实证主义、唯物主义、副现象论和科学主义进行辩论；斯多葛主义、存在主义、虚无主义、活力论、泛心论、唯灵论、神正论和神秘主义也被推广和考虑。[9]

二战后，这种哲学思辨的泛滥大幅减少。学院哲学剔除了大部分的狂野思想，仅关注存活下来的分析哲学和现象学的替代方法。在这个过程中，常见的传说是，实用主义在20世纪下半叶遭受了一段长时间的“日食”。[①]

这个关于实用主义的传说本身就是一个传说。虽然到了20世纪30年代，实用主义在学术哲学领域内被边缘化，但它从未被完全遮蔽。像哥伦比亚大学的杜威和芝加哥大学的米德和莫里斯这样的少数实用主义教授，鼓励了许多学生进入心理学、语言学、社会学、人类学、教育学、经济学、法律和政治理论等领域。其他一些社会思想家，如

① 指遭到遮蔽，被边缘化的状态。

W. E. B. 杜波依斯、霍勒斯·卡伦、伦道夫·伯恩、沃尔特·李普曼、阿兰·勒罗伊·洛克、C. 赖特·米尔斯和理查德·罗蒂，维持了实用主义在解决社会和政治问题上的动力。[10] 从20世纪40年代到90年代及以后，这种进步主义与实用主义的融合形态强烈影响了许多学科。

17 即使在哲学领域，哈佛大学、芝加哥大学和哥伦比亚大学的哲学系仍对实用主义持开放态度，而且美国的几位杰出哲学家也偏好实用主义主题。哈佛大学的C. I. 刘易斯为两代学生讲授实用主义，这些学生后来在许多顶尖大学任教。W. V. 奎因留在哈佛，不久后希拉里·普特南加入其中，他们的一些学生也开始捍卫实用主义的思想，比如唐纳德·戴维森。包括理查德·罗蒂、丹尼尔·丹尼特和保罗·丘奇兰德在内的一批叛逆分析哲学家也让实用主义保持了强大的影响力。

在这种被复兴的实用主义的引领下，哲学在20世纪90年代变得更加愿意接受与人文和社会科学的跨学科合作。即使是核心的“分析”哲学圈子，如语言哲学、认识论、心智哲学和科学哲学，也受到了影响。与思想史、人类学、语言学、行为心理学和认知科学（仅举几例）等领域的有效交流，使学院哲学与蓬勃发展的实用主义观点重新接轨。当哲学在努力寻找如何建立起各种相关性的途径时，它便正在回归到实用主义。

在学院哲学中，自20世纪80年代普特南和罗蒂引发关于语言、知识、真理以及心智–世界关系本质的新辩论以来，实用主义的复兴只增不减。由詹姆斯和杜威发起的功能心理学（他们还在格式塔心理学之前发现了整体论的经 18
验）以各种形式复兴，无论是被贴上生成的、具身的、延展的还是生态的（等等）标签，都是为了体现语境主义和动态性。

在20世纪90年代和21世纪初，实验心理学、认知科学和神经科学的许多领域都转向了实用主义，远离了持续存在的二元论、理性主义和表征主义。从心理学到人类学的社会科学一直在用新的非二元论方法，这再次确认了实用主义的基础。主要源于实用主义的符号学，目前也正支持着实用主义这一日益增长的运动。

在欧洲，一些现象学家（如莫里斯·梅洛–庞蒂和阿尔弗雷德·舒茨）和一些批判理论家（尤其是尤尔根·哈贝马斯）高度评价实用主义，还有一些有识别力的后现代主义者（例如在解构主义和解释学方面）也是如此。[11]

在人文学科中，实用主义的复兴并没有等待科学的确认，而是率先摆脱了现代主义、形式主义和结构主义，以培养对历史、多样性和多元主义的尊重。实用主义者已经与宗教自然主义和自由神学进行了合作，尤其是在过程哲学和万有在神论方面。实用主义者还在政治理论、应用伦理学、环境伦理学和技术哲学方面做出了贡献。

小结

19 到了21世纪10年代，对机械论和还原论范式的反叛正在获得动力，在一些不熟悉的标签下蓬勃发展，但仍然可以明显地认出其中的实用主义精神。它们共同的实用主义精神探究思考和认知如何通过应用发生变化并随时间发展，从而可以描述我们知道的*方式*的增长以及我们所知道的*内容*的增长。

对于新老实用主义来说，心智或理性与生物发展、文化实践或智力提炼完全无关是不成立的。实验性地改进认知方式是实践理智的典型工作，最终体现于如何在教育和哲学上反思改进最佳的智力方法。

实用主义不仅仅是思考，而且是实践。生活的所有方面，实际上或潜在地都对理智的关注和重构做出了响应，包括价值、规范和道德。关于人类——从情感和美学，到伦理和政治——没有什么是彻底非理性的或不可改进的。

2

第二章　实用主义准则 21

长久以来，实用主义关注收集和保存这个世俗生活的智慧。现代实用主义将科学知识与这种智慧结合起来，以获得持久的哲学洞察力。但将实用主义仅与自然科学等同起来是不明智的。实用主义同样关注文化和自然。在实用主义中，人文和科学之间没有必然的二分。科学完全是一项人类努力的事业，对科学来说，没有什么事物是人类不可理解的。

从1860年到20世纪初的新人文科学对实用主义产生了启发。生物学变成了进化论；神经学绘制了大脑功能图；心理学揭示出了思考的实用性；社会学观察到了心智的共同性；人类学探索到了文化的适应性。实用主义者迅速认识到了它们之间的重叠，每个领域都加强了下一个领域。

22 自伊曼努尔·康德以来，一个普遍的假设是每个知识领域都应该由独特的首要原则组织起来，而这一假设在实用主义中没有位置。

理论中的实用主义

根据其各自的方法论原则来区分自然科学和人文科学，可以确保它们各自的本体论都同样真实。这在19世纪中后期成为一个紧迫的哲学问题。

约翰·斯图尔特·穆勒在他的《逻辑体系》（1843）中给“道德科学”分配了这样的任务，即以经验严谨的方式研究心理、社会、文化和伦理事务。分离法则式知识（Nomothetic，自然科学）和个案知识（idiographic，社会科学）的提议是由新康德主义哲学家威廉·文德尔班提出的。威廉·狄尔泰扩展了这一分类，谈到了自然科学和人文或精神科学。[1]将直接冲突的本体论区分开阻止了唯物主义的进展。然而，哲学对追踪科学知识的交汇点失去了兴趣，尤其是对那些违反康德关于法则必然性和反目的论自然性的研究失去了兴趣。

实用主义者背离了康德的二元论，转而在哲学和科学中寻找支持他们观点的先驱。特别是早期的德国哲学 23
家，如约翰·戈特弗里德·冯·赫尔德、弗里德里希·威廉·约瑟夫·谢林和约翰·沃尔夫冈·冯·歌德，他们主张自然的运作对生命的目的有自然的亲和力。从物理和化学到生物学和生理学的科学领域，都在推测一种远比牛顿力学所能解释的更为动态和更具目的性的自然世界。[2]

由于分子的极性和亲和性，以及化学的接受性、合成性和循环性，大自然从根本上充满了不可磨灭的生命力。世界上只有机械力才是实在的，而所蕴含的设计和目的只是心智中的幻觉，这一规则与大多数科学并不相符。分子层面及以上的万事万物似乎都在忙于与周围选定的事物打交道，以获得趋于协调、和谐和恒常的复杂模式。

生命不仅仅是线性运动中的无感觉物质。选择性和奋斗是内嵌于有机世界中的，从有机化学层面一直到多细胞性、动物性和大规模的社会性。进化生物学展示了任何形式的生命或人类生活方式的发展历史远比因果力量更具解释力。甚至是物理与心理之间的关系，比如赫尔曼·冯·亥姆霍兹发现的声音或颜色的感知强度与刺激强

24 度的对数成正比，都表明了心智是转变自自然的，而不是从自然中派生出来的。

系统性的生态活动发生在每一个层面上。换句话说，生态学从细胞内部开始，而不是从外部的栖息地开始。目标导向的活动在实在性上并不低于无目的的反应活动；生命及其追求嵌入在自然之中，与原子一样自然。

到了19世纪80年代和90年代，许多具有科学思维的思想家意识到，牛顿力学必定是人为的心智构造，而不是对有机对象的实证观察。没有必要为自然科学、生命科学和人文科学指定不同的首要原则。它们都研究自然的一个领域，只不过是在不同的范围、尺度和自然活动时间线上。

历史主义、浪漫主义、有机论和意志论的这些思潮影响了每一个最初的实用主义者，并在形成其实用主义思想的阶段起了很大的作用。皮尔士承认他的体系最接近谢林；詹姆斯的主要影响是来自威廉·冯特（一位谢林主义者）和赫尔曼·洛采（一位意志论者）；杜威的早期观念论比起黑格尔更接近亚里士多德和有机论；米德是詹姆斯和冯特的忠实学生。[3]他们中没有一位是唯物主义者，因为他们尊重科学的综合成果。

他们的实用主义对于根据首要原则来区分科学领域不感兴趣，尤其是在科学开始共享理论实体和实验结果之 25 后。如果化学亲和性解释了分子的连接，进而解释了调节组织激活和再生的细胞代谢，以及支持有机体协调行为以获得可靠营养并有效改造栖息地的能力，那么，在仅仅是物质与心智之间，那些被假定存在的巨大本体论差距在哪里呢？如果存在这样的形而上学鸿沟，那么它们对于普通观察或理论科学并不可见。

只有哲学仍然在追求纯粹的理想性，不受物质性的玷污，这种追求更多地被标记为神学而非科学。正如詹姆斯在《心理学原理》中嘲笑的那样，“鬼魂般的灵魂实体”仍然在困扰着哲学，无论它被认为是实质性的意识、清晰的确定性还是超越的自我主义。实用主义者倾向于社会心理学而非笛卡尔式的个体主义，他们对于将人类提升到动物之上只是为了感觉更接近天使这一点并不感兴趣。

对于实用主义者来说，哲学的观念论仍然渴望作为一种知识获得与真正科学相同的科学地位，这只会使他们的追求显得更加可悲。对他们而言，哲学对目的论解释的禁令，使早期科学从上帝的宏伟计划中解放出来，只能是一

26 种临时策略。只要成熟的物理科学、生命科学和行为科学被认为其不能相信自己的理论视角，它们就会保持分裂和不完整，注定在彼此之间无法相互衡量，并且与面前统一的自然难以相称。

这个科学难题对于观念论哲学及其热心地指导科学方法论和分配科学本体论责任的使命来说，极为方便。哲学连同精神性的神学不断地贬低科学，因为它无法解释心智，因而也无法解释灵魂。从笛卡尔到康德以及之后，只有必然性似乎真正具有科学性，像神圣命令一样合乎规律。而经验和偶然性则顽固地保持非理性，如同任何物质性事物一样，与上帝的心智相距甚远。

过程中的实用主义

反对将所有理性必然的事物与所有非理性偶然的事物分离，等同于反对各种形式的二元论。在19世纪末和20世纪初，从量子物理学到群体遗传学的物理和生命科学正在发现自然是如何以模式化概率运作的。实在是统计性的而非范畴性的。[4]

在19世纪和20世纪，主流的盎格鲁-欧洲哲学和神学在很长一段时间里基本忽视了科学，以工业化的规模不断制造出一种又一种的二元论。他们的二元对立术语几乎无处不在： 27

主观/客观，内在/外在，固有/外来，本质/偶然，偶然/必然，先验/后验，分析/综合，混沌/有序，无意义/有意义，非自由/自由，手段/目的，无价值/有价值，事实/价值，是/应当，个体/社会。

在讨论任何哲学或神学问题之前，首先必须按照互不相容的类别对事物进行分类。

作为一种反叛，实用主义忽略人为的分割，融合看似对立的事物，将二元对立合成为和谐与统一。在分析性的概念化中可区分的任何事物，在真实现实中可能可分，也可能不可分。但将两件事物视为分离的并不能证明它们是否真能独立存在。只有经验探究才能决定该问题。

实用主义力求在科学和谐的自然主义中根除二元论，并通过探索的实验主义来实现这一目标。因此，实用主义

28 者发现了一种与二元论完全不同的世界观，其中静态的和可分离的内容被具有主动性和关联性的内容所取代。

实用主义，就像任何世界观哲学一样，提供了一种形而上学。理性主义认为实用主义是反形而上学的，因为后者拒绝理性主义所偏爱的体系。然而，实用主义本质上仍然是形而上学的，要取代糟糕的形而上学就必须提出一种好的形而上学。一种“非形而上学”的哲学让自己的本体论优势免受质疑，却无论如何都会重新装备某种形而上学。

实用主义的形而上学可由以下几个一般特征所刻画：

实在是整体的。连续性贯穿了整个实在。尖锐的不连续性指示了非实在。

本体论是动态的。任何具有现实性的东西都在不断变化和互动中。严格的固定性标志着理想性。

解释是语境性的。相互回应的条件解释了过程的进程。单一原因仅提供近似。

学习是创造性的。新信息来自想象力和发明力的探索。确信的满足保留了无知。

知识是共同的。改进知识需要协作实验。主观的确定性催生了教条。

连续性、变化、语境、创造性、共同体。实体变成了 29
情境。实存者变成了事件。过程是解释性的，就像法则一样。在世界之中的有机体侵染着有意义的价值。所有已知的东西都必须通过学习而获得，而不是靠直觉直接得到。认知是集体的，而不是主观的。个体性是社会性的一种学习模式。社会本质上是相互依赖的，而不是由独立单位所组成的。简而言之，所有实在和任何可知的东西从根本上来说都是生态的，而不是原子的或机械的。

牛顿力学及其线性方程被证明是对世界的临时性描述。皮尔士否认了力学中所谓的必然法则——“宇宙中的每一个事实都是由法则精确决定的”，并且他怀疑所谓的能量守恒“定律”对于宇宙学来说是基本的。他寻求一种“真正的演化哲学，即一种使生长原理成为宇宙原始元素的哲学”[5]。詹姆斯和杜威对宇宙的生长持有相同的看法，并类似地将机械性法则视为实验计算的工具性便利，而不是精确决定唯一未来的基本力量。

唯物主义对僵死自然的愚钝想象注定与神学中的神创
论一样虚幻。在麦克斯韦统一电场和磁场、达尔文的进化 31

一种“真正的演化哲学，即一种使生长原理成为宇宙原始元素的哲学”。

——查尔斯·皮尔士

论以及神经心理学的兴起之后，那种石头般死寂的唯物主义已经过时，不再能作为自然主义的唯一形态而存在。

不幸的是，哲学和神学继续坚定地遵循那种牛顿主义教条，否认目的的有效因果作用。实用主义认为康德错误地将牛顿的理论立为神的角色：必然法则并不比神的命令更能决定自然的一切。自然主义期待摆脱神性的束缚，公正地对待生命。实用主义完成了这一解放，释放了人类的智慧，以扩大和丰富这个世界的机遇。

实在是整体的、动态的和有意义的，而不是离散的、被动的和无价值的。每一个学术领域和智识追求都必然受到这种形而上学重定向的深刻影响。皮尔士、詹姆斯和杜威并不是为了将哲学建立在科学之上而支持这种世界观，事实上，他们一直批评唯物主义。

实用主义不会仅将本体论分配给自然科学，但它确实在广义上与自然主义保持一致，同时避免一元论、形而上学的二元论和超自然主义。单一的本体论或二元的静态本体论过分限制了什么能以及什么不能通过发展来解释。实用主义的多元自然主义鼓励多重个体发育，所有这些都发生在一个宇宙中。在这个宇宙中，人性不能被视为无法理

32 解的。对于实用主义来说，没有什么科学的东西与理解人类文化和人类状况不相容。

实用主义者从未想象过科学可以或应该取代哲学，或科学可以最终决定哲学核心问题的答案。哲学是不可替代的，因为一个综合所有知识的全面世界观、一个解释关于世界的知识的一致世界观，以及一个激励我们参与其中的引人入胜的世界观，都是超出了科学能力范围的长期项目。哲学对于找到一个满足这三项的统一世界观尤为重要。

我们对世界的认识不应该使我们与这个世界相脱离，也不应该让我们对关心这个世界感到沮丧。宇宙学描绘的宇宙是冷漠的，它将生命简化为覆盖在偶然行星上的一层薄薄的、涌动的化学膜。而那描绘了一个完全不同宇宙的世界观认为，整个宇宙为我们和我们的抱负而设计，这与诸如进化论这样的理论相冲突。实用主义在其中则只看到不必要的冲突，认为双方都过于简化。然而，简化比比皆是。哲学理性主义鼓吹“要么科学真理，要么就无真理”的虚假两难；安慰性的唯灵论则提倡“人类要么有价值，要么无价值”的虚假两难。

实用主义在此介入，提供了“以我们的价值为目的的
科学知识”这第三种选择。值得追求的知识不会与我们所
追求的目标相悖，而今天的“纯”研究将是明天技术和社
会的重要基础。将我们的价值观与经验科学隔离是适得其 33
反的，而将实验态度带入到我们的实践中会带来丰硕的
成果。

实践中的实用主义

实用主义旨在适用于我们的文化活动和社会机构。因此，与学科知识的协作对于实用主义哲学至关重要。心理学、社会学、人类学、传播学和教育学与实用主义的发展紧密相连，同时这些领域已经证实了支持实用主义原则的理论。实用主义是美国的第一门认知科学，它植根于演化生物学和功能主义神经学。自然存在者在某种程度上已经包含了意义和智能这一观点对于实用主义者来说是自然而然的。

讨论实用主义在众多科学领域的贡献和影响可以从逻辑学和计算机科学开始，例如电子逻辑机的发明。皮尔士

在1880年首次发现，布尔代数可以通过一个二元操作来表达，要么是NAND（非A和B），要么是NOR（非A或B）。意识到这些基本逻辑操作可以通过电气开关电路进行完成
34 后，他激励了他的学生艾伦·马昆德在1886年设计了第一台电子逻辑计算机。由于任何逻辑功能都可以通过一系列的NAND门来实现，因此它们构成了所有数字控制系统，包括计算机。

在19世纪80年代，皮尔士发表了他关于逻辑代数量词的研究成果。这些想法被恩斯特·施罗德迅速借鉴到他自己的逻辑代数论文中，随后，朱塞佩·皮亚诺又从施罗德那里进行了改进吸收。皮尔士还发明了三值逻辑，并且他是第一个探索假设逻辑或“溯因推理”的人，以补充演绎和归纳。[6]

皮尔士建立的符号学（或符号科学）[7]进一步推进了对心智的社会性和信息分布式特性的理论化。曾跟着威廉·詹姆斯和约翰·杜威学习的诺伯特·维纳创立了控制论领域，以研究动态目的性系统。[8]后来的实用主义者，如希拉里·普特南，对计算主义及其将大脑功能视为信息处理的观点表现出了浓厚兴趣。

遗憾的是，对于生物体信息本质的关键问题，在20世纪下半叶被句法学和语义表征主义以最不实用主义的方式进行解答，它们将人类大脑描绘为预先设定好用来思考信念的语句形式。语言学成为实用主义和理性主义之间的另一个战场，后者包括诸如诺姆·乔姆斯基和杰里·福多等 35
思想家；在这里语言规则是先天的，概念则主要是与其他概念而非与行动相关。[9]最初的问题——语言如何与世界相关——在这种路径中仍然是一个谜，并且语言的生物学演化变得无法解释。

人类用已经参与了大量社会互动而进化出的大脑发明了言语。因此，实用主义者在涉及物质事项的合作实践中，从共同注意力的协调中寻找交流的基础。从演化的角度来看，动物与人类认知之间存在许多广泛的连续性。尽管如此，人类认知与动物心智仍显示出一些显著的不连续性，因为我们进一步使用学习和教学来传承作为文化动物的实践。实用主义与社会心智理论、象征互动论、发展性的意识和生物符号学的理论相一致。[10]它是“4E认知”的（即具身化、嵌入式、生成式和延展式）演化理论的主要哲学基础。只要避免其中的表征主义，连接主义和动态系统理论的某些方面有助于综合这些理论观点。[11]

威廉·詹姆斯的哲学心理学遗产丰富了许多后来的科学发展。他关于意识流的观点，包含了内在主体和外在对
36 象，使心智理论在生活经验中得到了确认。“自我”由身体之外的附属关系组成，包括对个人财产的占有、与他人共享的亲密关系和社会关系。[12] 杜威和米德对这种关系性的和行为性的自我进行了阐述。他们认为自我原本是社会的，随着个人责任在儿童晚期出现，个体自我从协调社会中的角色产生。

另一条受詹姆斯启发的心理学路径经由埃德温·B. 霍尔特再到詹姆斯·J. 吉布森的生态心理学，解释了一个生物体的认知能力如何可以根据该生物体对环境因素的利用来解释。[13] 雅各布·约翰·冯·乌克斯库尔用“周遭世界”（Umwelt）一词来指代一个物种能够感知参与的“生活世界”。杜威关于“经验”作为“做–经受”（doing–undergoing）的概念、理查德·列万廷的环境建构主义，以及格雷戈里·贝特森的生态控制论都类似地指向这种心智在其中开展工作的可触及的生活世界概念。[14]

实用主义在心理学论题上采取了大胆的立场：所有思

维都以实验性的方式运作，包括逻辑性本身。心理学和逻辑学不再能被视为彼此无关的领域。没有相关性的逻辑是无意义的，没有推理的思考是无价值的。实用主义提倡实验方法，其中社会心理学和溯因逻辑相互融合以获得知识。

对于实用主义来说，实验不仅仅是与具体存在脱节的 37
抽象理智实践。生命本身就是一个伟大的实验。一般来说，神经系统不断尝试协调感觉与行动以期待可预测的结果，大脑不断调整活动，同时监控变化的条件，以追求有价值的目标。

人类大脑虽然极其复杂，但也不例外。我们通过将思想投入实际工作来处理无数的想法。杜威写道：“只有在反思性检查中作为倾向于解决问题的工具，思想才是真正的思想。”[15]实用主义在主动知觉理论、生成和延展心智、生态控制论、认知人类学、神经社会学、神经现象学、神经实用主义以及激进的具身认知科学中发挥着作用。[16]

小结

如今，实用主义已不再是新鲜事物，其特有的观点不过是在众多学术领域和科学领域的新发现和新兴理论中得以充分重新确认的观点。它远非一时的智力时尚或当代潮流，对实用主义的需求只会增加。实用主义的最伟大时代或许更有可能在未来，因为其支持者宣告了变革性的范
38 式，以改变我们的自我理解并最大化人类的集体潜力。

哲学本就应该通过拓宽视野和面对意外挑战来进行检验。实用主义期待在这项测试中取得成功，不仅仅是因为它自身的设计，主要是因为它建议重新设计许多观念，以更好地服务于生活。实用主义不断升级在人类所关切事项上的应用，为生活的各个领域提供实践性的方案。

3

第三章　永恒与无常 39

实用主义反对任何认为变化较少的东西一定更真实的世界观。对于这些世界观来说，最真实的东西从根本上不可能改变。永恒优先于无常，这为如何理解知识和解释的讨论设定了哲学议题。由于本体论和因果上的优先地位，不变是充分解释变化的必要条件，但变化却无法解释永恒。实用主义颠倒了这些优先顺序，从而对知识做出了更合理的解释。

实用主义是一种*无常*的哲学。任何实在的事物本质上都在变化——不仅仅是在外部关系上，而且是在构成上。变化较少的事物可能并不更真实，而且正是通过变化而非不变来认识实在。认识者是动态的，他利用内在和外在的变化来获取知识。

40 无常并不排除统一性；要承认任何规律性内在的一些不稳定性，远非在每处都看到混乱。实用主义用过程取代本质，并且倾向于规则的普遍性而非严格的必然性。因此，自然知识发现了复杂性是如何从简单性逐渐发展而来的。对于某事物的最佳解释是对其生长过程的叙述。

存有和多样性

对于永恒的哲学，知识寻求的是最佳解释，这必须涉及不变的事物。知识的终极目标是要寻求类似的最终安息。如果永恒为实在设定了理想标准，并且实在是可知的，那么对实在的认知就不能改变。

因此，真正的知识必须是不变的，只有不变的知识才是关于实在的。若没有任何不变的知识，实在就是不可知的，因此寻求不变的知识至关重要。知识存在于认知者之中，所以这种寻求是在寻找拥有不变知识的认知者。那些没有任何不变之处的人将不是拥有不变知识的认知者，也无法认识实在。因此永恒哲学得以建立：不变的事物为实在、知识和认知者提供了标准。

作为一种无常的哲学，实用主义拥抱新颖性、时间 41
性、偶然性、波动性、原创性、个性、发展性、多样性和多元性。查尔斯·皮尔士这样表达了对无常的肯定：

> 统一性正是需要解释的那种事实……解释自然法则和普遍统一性的唯一可能方式是假设它们是演化的结果。这需要假设它们不是绝对的，不是被精确遵守的。这在自然中引入了一种不确定性、自发性或绝对偶然性的元素。[1]

从被理解为严格统一和不变的实在中解放出来的实用主义，拥抱被设想为离散、碎片化和异质的实在。威廉·詹姆斯将赞成永恒优先性的立场称为“一元论”，以此与“多元论”形成对比：

> 作为存在和认知的首要因素，逻辑上必然的“一与全”将所有较小的事物联结在相互必然性的纽带中，它如何能允许减损其内在的严格性？对多元论的
> 最轻微的怀疑，其中任何一个部分从整体性的控制中 42

挣脱的最微小的独立性，都将毁灭这种严格性……另一方面，多元论不需要这种教条式的严格气质。只要你承认事物之间存在某种分离、某种独立性的颤动、部分之间的某种自由互动、某种真正的新奇性或偶然性，无论多么微小，它就会非常满意，并且允许你任何程度的（无论多大的）真正统一。在多元论看来，统一的程度有多大是只能通过经验来决定的问题……实用主义，在最终经验性地确定事物之间的统一和分离的确切平衡之前，显然必须站在多元论这边。[2]

实用主义不明白为什么所有事物中的一定程度的不确定性必然会阻碍知识的获得。严格的不变性，永恒的相关性，对于理解自然、生活或人类的方式并不是必需的。科学理论和人类生活都体现了变化和多样性。正如约翰·杜威所断言的，示例的新奇性产生了个性：

作为随时间发展的个性涉及不确定性、非决定性或偶然性。个性是世界中任何不可预测事物的源泉。
43 不确定性并非意味的违反法则的变化，因为法则恰恰表述了变化的可能相关性，而这些可能性无论变化的来源如何都存在。[3]

几种后康德时代的无常哲学——特别是自然哲学、生命哲学、活力论、存在主义、现象学和过程哲学——与实用主义都有这些共同点。它们也偏好从实际经验中获得的概念和范畴，正如实用主义所做的那样。然而，谢林、乔赛亚·罗伊斯、马丁·海德格尔、艾尔弗雷德·诺思·怀特海和乔治·桑塔亚那所展示的对经验的信任并不足以满足实用主义。除非一个包罗万象的实在包含了一切，心智能否找到其休息之所？依赖于一个已经准备好以防止实在解体的绝对存在、必然存在或启示本质的想法，相当于一个令人安慰的理性化解释，但这无法通过实验性探究来证实。[4]

典型的无常盟友将世界视为一个自我维持和充满不断活动的动态领域，但像弗里德里希·尼采、亨利·柏格森、让-保罗·萨特和吉尔·德勒兹这样的思想家的哲学，与实用主义相距甚远。无常的哲学满足于部分和视角性的知识，但对必然性和先验的蔑视并不足以成立。

承认实在的多样性、可能性和个体性在西方思想史上是相当罕见的。

智识能否满足于独立领域的无限多样性？对激进多样性的拥抱与通过实验性探究实际上已知的有组织宇宙并不太相符。[5] 45

实用主义特别主张实验性学习的过程与动态实在建设性地互动，其目的是在服务于良好生活的过程中建立知识的有用对象。思想没有其他起源或目的，推论也源于那些实验性的努力。思考的所有工具和技术本身都是通过改善心智注意力和对生产实践的控制的努力而发展起来的。

实用主义对其在无常哲学中的某个盟友的批评指出，那种非实用主义哲学要么（a）在其对实在、知识或价值的描述中保留了某种永恒的类似物；要么（b）拒绝完全将认知和推论嵌入到价值的规范实践中。永恒和确定性的诱惑与实用主义的坚定抵抗一样是长久存在的。

在对永恒哲学的反叛中，盟友总是受欢迎的，实用主义无论如何都将致力于抵抗由于永恒而产生的理性主义和二元论。永恒哲学要求知识的对象是静态的，认知的手段是固定的。在给永恒以优先性的情况下，将静态的知识对象与固定的认知手段相结合是合理的。由于实在是不变 46
的，认识实在不能改变实在；改变实在不能成为认知的能力之一。至于知识而言，认知也不能改变认知的手段。寻找我们周围的不变之物，辨识我们内在的不变之物，是永恒哲学的主要议题。

为了同时实现这两个议题，永恒哲学分为三种主要策略：(1) 首先选择一个实在的不变量，然后找到一个与之匹配的认知手段；(2) 首先选择一个不变的认知手段，然后定义实在以适应它；或者 (3) 首先选择一个纯粹不变的模式，然后确保实在和认知都符合这个模式，以便实在和知识彼此相符。

在西方自古希腊哲学以来，稳定实在的事物拥有**存在**（本体论）；认知超越变化（认识论）；**理性**是**真理**的模式（理性主义）。策略一首先定义**存在**，然后设计真实的认知以辨别**存在**的方式；策略二首先确定某些认知模式，然后宣称所知的东西即拥有**存在**；策略三将**理性**设为认知模式和**存在**方式的仲裁者，使它们相符合以产生**真理**。

实用主义关注这些策略——**本体论、认识论和理性主义**的永恒——自前苏格拉底时代以来如何持续地相互竞
47 争。每一种策略都能揭示其他策略固有的弱点，但没有任何一种能够取得对其他策略的优势。他们对永恒的共同追

求和对具有无可置疑确定性的知识的执着阻碍了他们解释人类知识何以可能的目标。实用主义放弃了对永恒和确定性的追求，从而展示了一条通往无须恐惧怀疑论的知识之路。

知识和客观性

本体论的永恒观策略尽力确保认知的手段能够胜任辨别存在的任务。不管存在被预先设想为何种状态，真正被认知的事物必须与存在一样静态。

因为存在是确定的，两个认知者不能对其持有不同意见，知识必须具有静态的单一性。任何分歧都会打破对存在的事先预设，从而允许存在本体论的永恒本应阻止的存在概念的多样性。因此，关于如何最好地构想真正的存在就引起了一系列的问题。

这些问题可能有答案。在哲学于任何地方出现之前，许多文明中的神秘主义、宗教、占星术和宇宙学的猜想激发了对至高或终极实在的洞见，从而形成了世界观。坚持并传授关于实在的这些洞见的智慧传统提供了正确理解它 48

的指导，有效地提供了关于最佳构想存在的答案。存在仍然是基础，因此有效的洞见是指向这作为基础的存在的。有指向性的知识对于辨别存在是必不可少的。

解释对存在的辨识与哲学上解释对存在的知识只有一步之遥。再进一步，为证实对存在的构想是正确的，相当于选择了一种对存在的认识方式。要求为存在基础概念提供理由的本体论永恒策略，很容易过渡到认识论永恒策略。

通过从认知的方法出发，认识论永恒策略将预先解决有关辨识存在的问题。存在从本质上就是所知的东西，并且也就是存在如何被知道的那种方法。所谓的分歧只是偏离了正确的认知方法。通过其他方法看到的对事物的描述，即使有用或有洞察力，也无法完全理解存在。

存在概念之间的差异是可以理解的，因为不同的世界观维持着它们的传统承诺。然而，正确的认知方法永远不会改变。只要这些世界观仍然固守着它们独特的本体论，
49 从认识论的角度来看，它们就缺乏哲学上的理由。只要缺乏认识论上的理由，本体论策略及其有所指向的知识也是弱势竞争者。由于认识论策略可以并且确实在发展，所以

只有一个是正确的（它们都这样假设），因此它们之间的竞争是不可避免的。

现在，**认识论上的永恒**对于本体论难题而言具有优越性。但每种认识论策略都蔑视其他策略，指责它们未能应用正确的方式来理解存在。没有什么可以补充或替代正确的知识：知识与存在一样永恒，不同于那些不真实的事物的多样性，存在的类型没有多样性。这些策略中的每一个都发现其他策略具有错误的认知方法，因为它们的对象不是理解真实的存在，而是将其他策略的存在与自身认知方法辨识的真实存在相比。因此，一个认识论策略期望只有它自己的知识方法是客观的，因为它在存在方面有正确的对象。尽管每种策略都认为自己的知识是独一无二的、客观的，但它的理由却是循环的：这是正确的认知方法，因为它辨别了真实的存在，而那确实是存在，因为这种认知方法认识到了它。

本体论上的永恒产生了与面向知识相关的基础本体论，而认识论永恒提供了基于循环理由的基础本体论和客 50
观知识。这两种策略都需要不变和统一的存在以及僵化的独特认知。在现代哲学中，这种立场被称为基础主义。

实用主义作为一种无常哲学，将变化和多样性归于实在，同时尊重多种可变的认知方式。永恒哲学将实用主义归类为“非基础主义”，因为它没有承认统一的实在或单一的认知方式。因此，永恒哲学指责实用主义放弃了真正的存在、知识、客观性和真理。因此，实用主义似乎漂浮于表象、愿望满足和幻觉的混乱中，同时还支持主观性和意见。

理性主义永恒哲学的第三种策略赞同对实用主义的这种负面评价，但它对本体论或认识论的永恒同样不以为然。无论是本体论还是认识论的永恒都无法满意地在相互竞争的本体论和不同的认知方式之间做出裁决。

本体论策略无法阻止所产生的存在的多种概念，并且如果尝试这样做，就会变成认识论策略，而认识论策略又不能在没有循环论证的错误下单独地证实一种认知方式。真实存在不能保证对其可靠的理解，而正当的知识又不能
51 保证其独特的客观性。因此，理性主义的永恒策略试图通过一个形式化的图式（通常借鉴于辩证法、逻辑学、数学、几何学或科学思维）来保证对真实存在的普遍客观理解，以此来调解存在与认知之间的关系。

形式化图式的目的——以及随之而来的形式、本质、必然性、先验等——是为了使存在的本质与存在的认知方式对齐，从而使人类在真理中理解它们的对应关系。作为一种永恒的策略，理性主义诉诸一个严格的形式化图式，这个图式在指导知识获取的过程中不会改变。

理性主义的永恒不必用另一个认识论的理由来支持其形式化图式，因此不会产生循环论证。然而，即便存在的终极性和认知者的人性，该形式化图式的设计也必须要实现其使存在和认知对齐的目的。在处理可能导致不对齐和无知的原因方面，各种形式化图式在对齐上有所不同。也许存在看起来不太容易被理解，或者人类似乎对知识之外的事物更感兴趣。所有永恒框架的共同点是对所有认知者都有严格的不变性，使他们能理解统一的存在。

在西方，本体论和认识论的永恒哲学是前苏格拉底时期的特征，理性主义永恒哲学在柏拉图、亚里士多德以及 52
许多后续哲学中蓬勃发展。杜威对他们关于实践之知的贬低表示遗憾：

如果审视柏拉图和亚里士多德哲学的基础……很

> 明显，这些哲学是对希腊宗教和艺术信仰内容的理性形式的系统化。这种系统化涉及一种净化。逻辑提供了最终实在对象必须遵循的模式，物理科学之所以可能，是因为自然界即使在其变异性的程度上，也展现出了对终极永恒不变的理性对象的例证……他们带来了一个关于固定实在领域的高层次概念，只有在这个领域内才可能有真正的科学，以及一个下等的、与经验和实践事务有关的变化的世界。他们将不变的东西神圣化，牺牲了变化，显然所有实际活动都在变化的领域内。它传递了一个观念，自希腊时代以来一直统治着哲学，即知识的职能是揭示先验的实在……作为一种知识形式，它关注于对实在本身的揭示，关注于
> 53 存在本身的揭示。它与其他认知模式的不同之处在于它专注于比自然科学所关注的存在形式更高、更终极的存在。[6]

对于实用主义来说，实践活动在理性上的正当性不亚于任何思辨的被动性。实用主义还支持这样的图式，比形式化和不变的方案更具经验性和可修改性，它们的功能是

在实在与认知者之间进行调解。

虽然实用主义尊重可靠的推理，但不变的理性是有问题的。任何方案都必须能被人类应用，以规范他们的认知方式，包括不变的图式。那么，作为自然变化和衰亡的生物，人类有什么是不变的呢？

对于理性主义哲学来说，这里出现了一个棘手的困境，而两种选择都将导致非自然的永恒。要么不变的图式是人类内部的某种非自然之物，要么不变的图式与人类被非自然地分离。如果是前者，解释人类如何管理他们的双重本性就像最初解释知识一样具有挑战性。如果是后者，那么自然人类与超越图式之间的关系就成了一个谜。

理性主义的永恒承诺了这个世界的客观性，但它产生了超越这个世界的不变性。确保知识图式与其知识对象一 54
样自然，为知识能被人类获得提供了更好的保证。实用主义提出，调解方案是由人类在探索和改造世界时创造和改进的，因此图式不会非自然地内在或外在于人类事业。永恒哲学从不对这种知识的自然化抱有好感，它们抱怨实用主义将存在和真理扭曲为对人类的相对依赖。

理性主义哲学贬低实用主义，因为它没有达到那种由于对永恒的关注而设定的真实存在和有效真理。实用主义以同样的抱怨回应理性主义：存在的永恒性将其与人类的无常性分离，留下了人类无法跨越的本体论和认识论鸿沟。

实用主义和理性主义总是指责对方未能达到客观性和真理。然而，它们对“客观性”或“真理”的理解并不相同。对于理性主义来说，客观性主要涉及认知者的独立性，即存在的超然。对于实用主义来说，客观性主要涉及认知者的实际成就，即知识的实现。

这种对客观性的不同强调影响了“真理”的具体含义。实用主义将真理归因于有能力的认知者的可实现知
55 识。理性主义将真理连接到关于不变存在的不可错误的知识上。如果按照理性主义对真理的理解来要求实用主义者，他们会放弃那种对真理的看法，以及关于表征性和对应关系的纯粹观念，因为这些对认知者来说是不相关的。如果将实用主义对真理的理解提供给理性主义者，他们会驳回那种真理观念（连同关于实验和确证的实践观念），因为这些对实在来说是不充分的。

实用主义和理性主义都声称自己拥有客观性。与存在

的独立贡献相比，人类的参与程度似乎是有争议的问题。但是这种将知识责任在人类和实在之间割裂开来的方式是理性主义的创造。如此割裂的东西并不容易重新统一。对于理性主义来说，客观性的基础在于理想理性，因为它在认知者和实在之间起到中介作用——实在即理性，因为理性为可知的东西设定了理想标准。然而，理性主义必须说明是否有可能了解一切实在的东西。肯定和否定的回答都会产生有问题的立场。

首先，假设实在的东西必须是观念上可知的东西。实在是根据理想知识而存在的，没有实在的东西能与认知者保持分离。这个假设是形而上学观念论的基础：实在稳定地由观念上可知的东西构成，因此所有知识通过一个形式化的图式来达成完美的一致。

虽然这个基础满足了实在永恒性的要求，但形而上学 56
的观念论背叛了理性主义通过实在的独立贡献来提供客观性的承诺。没有实在的东西可以做出任何真正独立的贡献，因为在理想的认知之外没有真实的东西。然而，从个别认知者的角度来看，那种理想化的实在在知识中扮演一个客观的角色，作为个体相对部分性的认知应该指向的绝对最终实在。尽管如此，对于这种“客观观念论”，实在只包括理想上可知的东西。

其次，假设实在的东西可以超出理想上可知的范围。但是，任何与知识如此分离的东西本质上是不可知的，并且无法为解释如何获得知识做出贡献。形而上学实在论是这样一个立场：实在独立于对它的认知。然而，任何认知只知道所知道的：通过认知所知的东西存在于知识**所在之处**，而不是在知识**之外**的某个地方。所知的东西是否也存在于认知范围之外是一个更深的问题，这是一个知识无法回答的问题。因此，形而上学实在论要求一种非理性的信仰行为，即相信实在保持相同和不变，无论它是否恰好可以被认知，还是无法被认知。

作为一种永恒哲学，形而上学实在论要求不变的实在
57 不受与认知和认知者所建立的或终止的关系的影响。在这种期望下，不可改变的实在本身以某种方式保证所有知识与实在自身的结构完全一致。然而，形而上学实在论并没有提供一种方法来知道现实是否满足超出知识范围的这种单纯期望。对于未知且不可知的，超出知识的任何东西都不能帮助解释知识如何成为可能，最终只留下了存在于认

知中的东西。

尽管形而上学实在论声称避免了形而上学观念论将实在缩减为可知事物的命运，但它可能与“主观”实在论是一样的：实在只是对于认知者而言的可知之物。事实上，在没有任何独立于认知的实在的保证之下，主观实在论进一步崩溃为主观观念论——唯一的实在就是个别认知者所能知道的东西。

尽管实用主义因对实在论的漠然而闻名，但实在论的救援就在对理性主义的弃用和对实用主义的提升之中。

理性主义和二元论

从实用主义的观点来看，理性主义将客观认知的责任在实在和人类之间划分的方式，只会导致对实在论的放弃。形而上学观念论和形而上学实在论都认为知识是可获 58
得的、不变的、和谐的。它们的分歧在于形而上学观念论拒绝这样一种信仰——实在可被构想为超越知识。形而上学实在论保证了实在，却没有办法去认识它；形而上学观念论保证了知识，却没有实在可去认识。还剩下什么合理的实在论呢？

存在第三种形而上学的可能性：实在是不可知的，因为对认知者而言，可及的任何东西都是不稳定的、相对的和不和谐的。这是现代怀疑论所持有的立场。与古代怀疑论不同，现代怀疑论是形而上学的和理性主义的，因为它基于对实在本质（永恒的、绝对的）和知识应有的性质（不变的、和谐的）的假设。尽管可以识别出实用主义和古代怀疑论之间的相似之处，实用主义却并不赞成满足于约定的或主观信念，因此之后“怀疑论”仅指其现代和形而上学的形式。针对实用主义的怀疑论指控，通常来自现代竞争者对认识论相对主义的担忧。[7]

这三种理性主义——客观观念论、主观观念论和现代怀疑论——努力将实用主义归类。实用主义对观念论来说似乎太过实在，而对实在论来说又太过观念。

59 客观观念论担心，实用主义对绝对理想的实在的漠不关心会阻碍对任何独特客观对象的认识，只留下无知的分歧、相对主义，甚至可能是主观主义。形而上学实在论无法赞同实用主义对超越所有认知的实在的漠不关心，因此主观观念论似乎是实用主义的归宿。

此外，实用主义对知识可变性的高度容忍在客观观念论和形而上学实在论看来似乎像是相对主义和怀疑论。就其本身而言，形而上学怀疑论也无法采纳实用主义，因为实用主义鄙视怀疑论所依赖的严格的理想知识标准。理性主义对实用主义维护合理实在论的宣称表示怀疑，因此他们通常将实用主义视为对相对主义、主观主义和怀疑论的屈服。

实用主义诞生于19世纪后期，那时理性主义采取了现代主义形式。现代理性主义吸收了观念论和实在论的特点，同时继续努力解决认知者与实在之间的这种二元划分的责任问题。为了确保所有人类都能正确认识独特的实在，相同的通用推理图式结构化了每个认知者的认知方式，以获取关于实在结构的知识。个体可能因为较少的智力干扰而偏离这条严格的认知道路，这允许他们对世界的 60
理解遵循社会习俗所传递的传统观念——主要是语言、仪式、信仰习惯和实际生活方式。

自笛卡尔以来的理性主义被赋予了各种标签，其中的典型一直是经验主义、先验论和唯物主义。实用主义始于并发展于19世纪下半叶和20世纪上半叶，这一时期大致被康德的先验论和奎因的物理主义的强烈影响所规定，而黑格尔的绝对主义和穆勒的经验主义则位于二者之间。从实用主义的视角来看，这四种哲学在形式和功能上都是理性主义的。例如，可以比较一下康德和奎因。一个独特的理性结构（康德的范畴和图式，奎因的科学统一计划）唯一地组织了对实在世界的不变知识（康德的经验实在论，奎因的还原物理主义）。[8]

绝对观念论有关（辩证）理性的结构构成了客观世界的本质的信仰，而经验主义对知觉现象世界构成了（归纳）理性结构的客观性本质的信仰，在精神上同样是理性主义的。对于理性主义的经验主义来说，由世界引起的清晰感知通过有意识的理性推断（由逻辑哲学所改善）结合
61 起来，以产生对世界的客观知识。对于先验论来说，混乱的感觉被前意识的理性图式所构造，进一步依赖这些隐藏的图式（由先验哲学辨认出来）产生对客观世界的知识。对于唯物主义来说，对世界方式的客观观察激发了假设性推理（由科学哲学指导），以产生对世界隐藏结构的理性知识。

每种现代理性主义都努力解释其偏好的理性图式的基础，而不仅仅采取一种典型的理性主义观点，即客观知识

必须要求一个严格的图式。

理性主义的经验主义对于任何通常出现在经验中的东西都持开放态度，只要求逻辑思维过滤掉令我们注意力混乱、有偏见和虚幻的不相关因素。经验主义的传统弱点在于它无法解释逻辑本身是如何被知晓的，因为再多的偶然感知也无法组成逻辑必然性。（实用主义的经验主义通过澄清概念的实用主义原则和溯因推理克服了这一限制。）这种无能导致了在经验世界的知觉和非经验世界的逻辑性之间的形式二元论，这削弱了理性主义的经验主义作为最好实在论哲学的主张。

人类逻辑性的这种假设为先验论提供了驳斥经验主义和在人类非经验世界的理性中定位逻辑性的机会。然而，
先验论的弱点在于它无法解释知觉是如何产生的，因为任 62
何依靠知觉现象的东西都必须位于理性和所有知识所触及的范围之外。这种弱点导致了现象与先验之间的本体论二元论，削弱了先验论保证对单一世界知识的主张。[9]

克服这种二元论为客观观念论打开了机会，客观观念论认为一个真实的理性图式提供了在经验世界的知觉及其组织成知识的能力。将绝对实在与这种理性模式等同起来

后，客观观念论的弱点在于难以解释为何那种绝对的最终实在会在有限且易错的认知者中显现。这种弱点导致了一种个人二元论，迫使认知者同时自相矛盾地具有完美和不完美的经验。

承认所有经验都是易出错的，这是唯物主义的出发点。唯物主义将科学方法论置于普通知觉之上，以便暂时但可验证的假设能够提供对潜在的物理实在的真实知识。认知者必须平衡的两个世界之间的紧张关系——一个是极其定量的，另一个是丰富定性的——导致了有意义世界与无意义世界之间价值二元论的弱点。为了克服这种二元
63 论，可以将共同生活的世界的合理优先性恢复到对科学死板抽象的世界之上，从而导向常识经验主义。

因此，这种形而上学的循环回到了理性主义经验主义，但在循环轨道的任何地方都无法保证客观性或阻止二元论的出现。

小结

实用主义，以及一般的无常哲学，共享对理性主义及

所有永恒哲学的悲观分析，批评它们对不变性的迷恋。实用主义的本体论尊重无常，实用主义对认识论持怀疑态度，实用主义拒绝理性主义。

实用主义在无常哲学中区别于其他学派，具有一系列明确的议题：

- 降低实在、知识和人性永恒性的优先级。
- 否认简单性无法解释复杂性。
- 通过连续性、情境和潜能来阻止二元论的产生。
- 在知识和真理上，优先考虑建构而非符合关系。
- 将必然性和本质降级为获取知识过程中的角色。
- 依赖动态的、系统的和社会的关系来解释心理、学习和认知。
- 以功能性和实践性的方式定义所有类型的意义。
- 在实在中辨识目的性和规范性。

4

第四章 语境和实在 65

实用主义批评理性主义和对永恒的追求缺乏客观性，反而造成了二元对立，也无法解释任何值得拥有的知识。反过来，理性主义指责实用主义回避实在，并最终陷入相对主义和非实在论。因此，将知识的真与认知者的尝试联系起来，就变得像主观主义和怀疑论。

在《实用主义》中，威廉·詹姆斯说，如果一个假设在“最广泛的意义上能够令人满意地起作用”，[1]那么这个假设就是真的。作为理性的经验主义的典型代表，伯特兰·罗素总结了对它的结论：

> 詹姆斯的理论是一种在怀疑论基础上建立信念超结构的尝试，像所有这类尝试一样，它依赖于谬误。 66

在他的情况下，这些谬误源于试图忽略所有超越人类的事实……这只是大多数现代哲学特有的主观主义狂热的一种形式。[2]

这种不公平的解释已经被詹姆斯在《真理的意义》一书中预见并驳斥了。“最广泛的意义上能够令人满意地起作用”远不止“到目前为止对我个人来说效果很好”或者“比任何人都更有利于我的团体”。与任何已知事物都能很好配合的观念不可能与硬的实在脱节。科学关于真理的认识没有其他含义，正如阿尔伯特·爱因斯坦所说：“真理是经得起经验测试的东西。”[3]

知识是建构性的

实用主义对于与实在的有效交互感兴趣，而不是对与实在的同一或对实在的确定性感兴趣。与之前的实验科学一样，实用主义在可以遇到、探索和转化的地方找到了足够的实在。实用主义是一个比科学研究更广泛的哲学项目，但它具有同样的暂定性和可修正的学习精神。

如詹姆斯所说： 67

据我理解，实用主义看待事物的方式源于过去五十年对旧有科学真理观念的颠覆。人们曾说“上帝做几何”，并且相信欧几里得的原理确实再现了他的几何创造。存在着永恒不变的“理性”；人们认为芭芭拉（Barbara）和塞拉伦特（Celarent）[①]的逻辑是其回响。对于“自然法则”——物理和化学的，以及自然历史分类——也是如此，所有这些都被认为是对事物结构中埋藏的、先于人类的原型的精确而独特的复制，我们内在智慧的神圣火花使我们能够洞察它们。世界的结构被认为是逻辑的，而这逻辑就是大学教授的逻辑，人们是这样想的。直到大约1850年，几乎每个人都相信科学表达的真理是对非人类实在明确代码的精确复制。但是，近来理论的极速增多几乎动摇了其中任何一个理论比其他理论更像是字面上的客观事

① “Barbara”和"Celarent”并非具体人物，而是中世纪逻辑学中用于记忆亚士里多德三段论模式的助记词。

> 物的观念。有这么多的几何学，这么多的逻辑，这么多的物理和化学假设，这么多的分类，每一个都有其
> 68 用处，但又不是万能的，以至于即使是最真实的公式也可能是人类的创造，而不是字面的抄录，这样的观念在我们心中已经初现端倪。我们现在听到科学定律被视为这么多的“概念速记”，在它们有用的地方是真的，但仅此而已。我们的思维变得能容忍符号而非复制，容忍近似而非精确，容忍可塑性而非严格……这至少使我们对科学真理的整体观念比过去更加灵活和亲切。[4]

在神学无法证明它对于理想化创造秩序的信念后，科学也放弃了对自然完美理性秩序的寻求，哲学开始意识到统一和静态的永恒不再是对实在认知的适当目标。即使是数学和逻辑系统也不再指向某个柏拉图式的领域，因此，除了自然实在之外，再假设一个额外的形式实在似乎变得毫无意义。任何值得认知和值得了解的实在，都在积极地经历修正并响应变化。

实用主义同意理性主义的观点，即知识涉及已知实在

与认识者之间的中介。然而，不存在不变的要素来刻画这三个因素，也没有二元对立将它们分开。对于实用主义来说，认知是实在过程与人类在实在中的努力这二者之间的动态协调。知识是在广阔的人类与实在互动领域内发展出 69
来的东西，在那里进行着被实用主义称为“探究”的受控的探索。

实用主义拒绝接受任何划分外在与内在的本体论或认识论，这种划分在许多现代西方哲学中被提升为形而上学的二分法。然而认知者不必首先确定外在实在之所在。可协调的实在就是环境世界，好奇的认知者已经在其中积极生活。

认知者也不必预先确定内在认知应该是什么样。通过协调可获得的知识是认知者在周围世界中进行探究活动的结果。探究者的活动与世界的活动出现一致时，这个共同的活动域就确定了认知的能力和知识的增长。

据理性主义所述，认知的能力依赖于一个十分稳定的图式，这与经验世界之事件的变化场景或心理思维的短暂流动大不相同。理性主义一方面必须解释这个图式与世界的关系，另一方面也必须解释其与心智的关系。当理性主

义主张图式与世界之间的对应关系，以至于在外部意义上存在知识时，它并不必然要求任何人的心智对这种知识有
70 自我意识。一个人可能知道某事，但这个人并不理解这是其所已知的。例如，一个人相信一个命题P，而P恰好被世界证实为真，理性主义就可以说这个人“知道P”，而不用这个人意识到他知道P。

同样，当理性主义主张图式与心智之间具有对应关系，以至于在内部意义上存在知识时，并不必然要求任何经验世界的实在与这种知识相一致。一个人可能知道某事，而没有任何证据表明它是真实的。例如，一个人知道一个命题P，而P恰好与其他命题完美一致，理性主义就可以说这个人“知道P”，而无须任何证实这些命题是关于现实实在的。

一些理性主义承认这些局限性会导致怀疑主义的后果，而其他理性主义则进一步主张，认知者对形式性图式的坚持确保了认知者既理解认知的状态，也理解实在的状态。

实用主义对知识的看法从不需要这样的额外保证。认知者必须理解他们对知识的掌握，因为他们的好奇努力构

建了它，而认知者必须理解所知的实在，因为他们的探究正是与实在的互动。在认知者遭遇实在并与之进行建构性互动之前，并不需要先有真的知识。

关于探索的探究方法其实就是认知者与世界的交互习 71
惯的改进版，只是更精细、更周到的版本。虽然我们遇到的大部分事物是未被了解的，但可知的实在比遇到的更多。只不过，探究直接处理遇到的事物（无论是已知还是未知），而间接处理未遇到的事物（可能变为已知）。

实用主义坚持认为，那些超出我们在经验世界互动中所熟悉范围的可知之物，比如无法观察的过去事件、看不见的微小实体和宇宙级的巨大力量，必须与可见领域内发生的事物具有动态的关系。

实在是起作用的

实用主义对整体论、动态性和语境主义的承诺有助于阐释其关于可知实在的方案。这种无常哲学优先考虑所有本体论的相互依赖性和功能性，而不是实体性或固有性。存在的实体没有本质，没有定义它们必须是什么的刚性特征。

作为永恒性质的“本质”，将事物必然地、一次又一次地被归类为某种类型，只是想象中的一种假设，它无法
72 本体论地指称实在中的任何实例。对于本质的构想依赖于对静态属性（比如性质、属性、特征等）的陈述，没有这些属性，实体就无法存在，而实体又无法改变这些属性。在实用主义本体论中，没有为固定实体的静态属性留下任何位置。

科学确实使用公式来表达理论事项（如“质量”和“能量”）之间的必要关系，而实用主义承认它们作为力量和力的本体存在的候选资格，只要既有的必要关系并未穷尽对它们的概念。完全由必要关系定义的纯理论事项（如数学化的公式或方程）最多代表着探究的初步阶段，它们有待根据实用主义准则进一步明确其效果和后果。[5]

“本质”的概念可以被“过程”替代，而不会对认识自然实体造成任何损害或缺失。命题“S是P”在其语法中隐藏着永恒的形而上学；“这个过程具有属性”则更受青睐，或者为了简洁写作“这个P具有A”。为了功能性地而非实体性地“述谓”一个属性，我们会选择一个在稳定性（而非固定性）上突出的连续性过程，因为它与其他一些

稳定性有联系，从而产生更多的过程。

归属（attribution）是一种关于语境的三元关系，涉及过程、属性及其能力。说“玫瑰具有红色”是选择玫瑰的一个特征，因为它适于视觉欣赏。说“植物有根”是选 73
择植物的一个特征，因为它与土壤中可获得的营养物质（水、氮、矿物质等）有连通性。说“土壤含有水分”是选择土壤的一个特征，因为它能产生水。说“水是湿的”是选择一定量水的一个特征，因为水在接触另一个表面时可部分转移到另一个表面（这就是为什么单个水分子不能“湿”的原因）。说“水分子有极性”就是选择H_2O的一个特征，因为它倾向于使氧原子朝向任何正磁电荷。

科学最终能达到本质吗？将H_2O定义为“与一个氧原子形成电子键的两个质子”无法确定一个固定的本质，因为自然中的一群水分子会迅速重新分配它们的电子。分子是动态的过程，原子和所有亚原子粒子也是如此——我们用波动的波函数场来描述它们——这正符合实用主义和过程哲学的预期。[6]

提出“红色”或“湿”这两个概念引发了对这种过程本体论的两个挑战。像“红色”这样的可感性质引发了主观主义的指控，而像“湿”这样的物理属性则引发了非实在论的担忧。

为什么红色这种特征不能真正存在于玫瑰中，而非只存在于观察玫瑰的感知者内部呢？这是人们提出的质疑。
74 实用主义的语境主义通过否认颜色仅存在于物体表面、光照、反射光谱、视网膜刺激或感知中来回应这个问题。颜色显然取决于许多情境因素，因此颜色在能够出现的地方是客观存在的，包括所有因素的情境。[7]（这种情境分析适用于“现象”性质之外的更多内容；实用主义以相同方式对待“意义”“价值”和“信息”。）

如果应用永恒性的标准，像“湿”这样的物理属性似乎比颜色更不真实。如果水实际上并不总是湿的，而湿润也不在感知者内部，那么它必须以某种方式进入和脱离存在，而不是拥有自己的实在性，这导致了非实在论。我们应该担心非实在论吗？实用主义不必诉诸主观主义或非实在论。假设“更深层”的固定属性是关系能力和倾向的基础，或者提出性质倾向是基本的，这是永恒形而上学的策略。

事物可能有更深层的属性，但它们同样是语境性的，因此，由于永恒性而产生的主观主义和非实在论的焦虑“一直存在”。抛弃永恒形而上学及其坚持实在由固定性和独立性构成的观点可以带来解脱。实在是互动的和起作用的。

实用主义用结构-功能关系取代了传统的主词-谓词关系的首要地位。目前作为关联稳定性的是结构；那些在 75
时间上被认为是关联发展性的是功能。结构和功能都不能没有对方而持续存在；结构总是在发挥作用，功能总是在构建——它们是从空间或时间角度看待复杂过程的两种方式。科学探究可以根据探究的目的关注其中一个，但最终视“时空”为统一的。

孤立地想象某种在某处不起任何作用的“静态”结构，或者可能在任何地方表现出来的某种“通用”功能，只是一种没有在实在中具体实现的想象练习。回到之前的例子，脱离情境上下文的“红色”或“湿”本身无法指向任何实际的东西。寻找某种东西，任何东西，来定位它们的指称是永恒形而上学的一项无望的任务。没有必要假设“红色”是由于从许多感知中抽象出一个静态共性而形成的概念，或者“湿”是通过从许多相关性中提炼出一个严格因果关系而构想出来的概念。

从它们的相互依赖性中考虑问题将产生清晰的概念，
而疏远和孤立则导致无意义。本体论不会比结构-功能过
76 程“更深刻”。这种实用主义者处理本体论的方式要求重
新定位本体论优先的形而上学事业。

对于永恒形而上学来说，如果第一件事持续存在而第二件事停止存在，那么第一件事在本体论上优先于第二件事。在最广泛的比较中幸存下来的东西，拥有最高的本体论优先级，是“最真实”和最实质的。光线优先于它投射的阴影、原子优先于它们组成的岩石等等。

实用主义认识到，这种本体论优先性的测试对机械和生物实体都是失效的。问“哪个先存在，螺丝还是螺丝刀?”或者“哪个可以在没有另一个的情况下存在，胃器官还是哺乳动物?”没有意义。那个令人困惑的游戏，问“但哪个必须先在?”已不再是探寻自然如何运作的有效方式。

正如科学在其成熟过程中所充分发现的，本体论优先性不再具有规范性或解释性作用。在一个无尽动态的世界中，能够在其他事物中引起变化的事物必须也是已经经历

了变化的过程。杜威写道：

> 没有反应就没有行动；没有纯粹的单向调节力量，也没有完全从上到下或从内向外或从外向内操作的调节模式。任何影响其他事物变化的东西本身也在 78
> 变化。仅朝一个方向进行的活动、不动的推动者的想法是希腊物理学的残留。它虽已被科学驱逐，但仍继续困扰着哲学。[8]

实用主义的多元本体论将实在分散在无尽的关联性和情境中，没有任何东西扮演“最真实”的角色。在一个动态的宇宙中，一切都可以影响其他事物，没有什么能够持久不受影响。

涌现是创造性的

为了阐释这种动态多元主义，让我们考虑自然主义者之间关于“涌现”的辩论。“涌现”一词如今被滥用，同时与物理主义的还原论宣传结盟在一起。对于“部分到整在一个无尽动态的世界中，能够在其他事物中引起变化的事物必须也是已经经历了变化的过程。

体”的涌现论而言，一个独立的部分拥有其自己的刚性属性/力量，可以独立于整体展现（还原论），而整体的属性完全依赖于其特定的部分（涌现论）。这种“自下而上”的涌现在其假设中认为部分比整体更真实，因此这种涌现论不能成为还原论的真正替代品，而只是其重述。

部分到整体的涌现论犯了分析谬误：对一个“组成部 79
分”进行分解以区分其孤立存在，因此需要外部关系来使其与其他部分组合在一起的操作。为了避免这种谬误，就不要假设（a）一个组成部分在分解之前就存在，或者（b）外部关系在分解之前就在起作用。对于任何特定事项，（a）或（b）是否准确，取决于经验探究。自上而下的涌现论不是还原论的，但如果它贸然在证据之前假定（c）一个整体在组成之前就存在，或者（d）内部关系在组成之前就在起作用，那也犯了同样的谬误。

相比之下，实用主义发现，整体到部分的涌现与部分到整体的涌现同样重要，这取决于发展中的语境。有时，整体的新属性来自其部分的配置。有时，部分的新属性来自整体的发展。这让关于整体的“涌现”属性确实依赖于部分。实用主义同样承认部分属性的“去涌现”也依赖于整体。换句话说，综合和分析都是创造性过程。拆分一个整体会创造出最终部分具有分析之前所缺乏的新属性，正如组装一个整体会从部分创造出综合之前所缺乏的新属性一样。

在一个动态相互关联和生态的宇宙中，创造性总是不
80 可避免的。分析和综合都涉及语境的巨大改变。坚持“一个部分在参与整体之前和之后必须保持相同的不变属性”，和认为“一个整体在由部分构成之前和之后必须保持相同的不变属性”，这两个观点在有效性上半斤八两。

换句话说，这都是关于在不断变化的语境中条件性涌现的新奇性。“随附性”也可以同样被抛弃，它是被用来解释一个复杂整体如何显示出某种程度上不那么真实或相当不真实的新属性的相关概念。语境主义也不必理会关于“因果过度决定”的警告，因为在实在的任何层面或规模上都不存在某种专门的“实在”因果可以完全解释所有变化。与多元本体论并进的因果视角主义是更为合理的科学方法。[9]

在心智哲学中，实用主义拒绝现象论和副现象论所需的永恒性预设。后续章节将讨论实用主义关于心智的话

题。在科学哲学中，实用主义拒绝还原论过程中起作用的类似假设。还原论假设在最小离散尺度上发现的实体也必须在宇宙中任何其他大小和能量尺度上存在。还原论依赖于自然法则的普遍观点，因为这些最小（亚原子）级别的法则也必须统摄一切领域，而且没有任何其他事物可以在 81
没有这些法则参与的情况下产生。还原论相当于一种过分夸大和不必要的实在论。[10]

实用主义提出了“产生主义”作为替代：通过受控实验条件发现的实体确实存在，无论何时何地，只要这些条件恰好在宇宙的任何地方出现。

实用主义否认关于自然法则的普遍主义，因为没有证据表明在某些条件下运作的法则在宇宙中其他不同条件下同样占优势。产生主义是语境性的科学实在论：理论化的实体（无论是粒子、力量、场等）确实存在于模型化条件要求它们存在的地方，比如在受控实验中，或者在类似的不受理智控制而产生它们的自然界的其他地方。

在超级对撞机中检测到的亚原子粒子完全是真实的，就像它们在宇宙大爆炸最初的几秒钟，或在超新星内部的极端条件下，或靠近黑洞时一样真实。但是，没有逻辑或科学上的理由假设自然在完全不同的条件下（如在行星上占主流的条件下），也会采取那些形式。在我手指的尖端没有夸克存在，也没有控制夸克行为的法则来描述我体内发生的任何事情。从电子到内啡肽等其他理论实体确实在
82 地球上真实存在，正如物理学、化学和生理学在行星表面的温度和压力条件下所描述的那样。

还原论错误地将本体论优先性放在部分上，不是因为事实上整体更实在，而是因为还原论像永恒哲学一样，忘记了**条件性语境**的关键作用。对于无常的多元主义来说，本体论**优先性被本体论均等性**所取代：只要某物被清晰（实用主义地）构想，它可能和其他任何值得信赖的发现一样实在。

将某些类型的事物标记为“更实在”只是在关注人类的偏好和价值观。根据本体论均等性，无论是小还是大，无论是局域性还是普遍性，无论是短暂性还是恒常性，都不会使任何事物更实在或不实在。这是科学无法否认的。例如，宇宙学和物理学都展示了这种均等性。星系并不比原子更实在，因为恒星是由原子凝聚形成的，而原子也不比星系更实在，因为星系演化创造了比氧更重的原子。

实用主义过程本体论的另一个推论是“实在模态论”——动态一般项的实在性。不要将其与“模态实在论”混淆，在模态实在论中，一个命题的可能性是由无数同样存在的世界中的一个现实世界所证实的。而“实在模态论”则认为模态命题的真理基于这一个世界中存在的一 83
般项的多样性。说“石头在被丢下时必然会落下”并不是想表明石头在所有可能世界都有从手中丢下而落下的情况，而只是说这个现实的世界有一种不受支持的石头会下落的一般性。承认实在一般项的本体论将这个现实世界描绘成一个由无数相互关联的规律性组成的世界。自然有其习性。

根据皮尔士的实用主义准则，构想事物的实在性需要构想它在特定语境下任何时间的可检测效果的潜在性。实在的事物表现出活生生的习惯性，这种习惯性在时间上无限地向前和向后延伸。这种实在论是他后期哲学中实效主义的核心，它只是被归纳性推荐而不是确定，因为真实的习惯超越了任何有限的观察。（这就是为什么没有“归纳问题”会破坏实用主义的生产性的实在论。）

皮尔士断言：“实效主义很难进入一个头脑，除非它已经确信存在实在的一般项。”[11]这不是静态的一般项或僵化的形式；它们的角色最多是“物理上有效的”。[12]它们在没有激活条件的情况下不会消失；它们持续的实在性解释了为什么条件能激活后果。再次用皮尔士的话来说，“在实用主义意义上，有实在的习惯（在可能不会实际发生的情况下会产生真正的效果，因此是实在的一般项）”[13]。

84 实在一般项既不是严格的共相也不是偶然的可能性。它们解释了普遍命题的适用性，例如“树木总是在春天长出叶子”或“锡在231.89℃时熔化”。实在一般项也解释了统计概率的准确性——例如，“如今超过60%的65岁美国人将活到80岁”或“典型的果蝇寿命为14天”。实在一般项既不是严格的必然性也不是无因的偶然性，而是它们的结合：一种本质上偏离严格必然性的稳定规律。

科学领域使用公式化的法则来精确计算实验结果，但它们的普遍性在语法上是具有欺骗性的。当物理学说“一个电子的电荷是-1”时，它只是在说“如果某物是电子，那么它带有-1的电荷”，而这个假设性命题没有决定任何电子是否实际存在或有潜在的存在。普遍性并不必对现实性负责。

潜能和现实性植根于持续的潜力中，不断地实现（动态地*存－在着*）。没有什么是静态的、完全被动的，或悬挂在纯粹的可能性中。至少，存在的某物有足够的潜力阻止其陷入非存在。潜能是可实现的潜力；现实性是已实现的潜力。

可能性和必然性是概念分类，它们代表了归纳和演绎推理的联系，但它们本身在现实性中缺乏具体示例。存 85
在，就足以对其他事物产生影响。纯粹的必然性，就像纯粹的可能性一样，可能表现得能提供一种责任，但它不提供任何效力或解释能力，也不能对任何单一事实负责。

实在（本体的）：潜在性—现实性—最终性。

概念（逻辑的）：可能性、偶然性、必然性。

潜在性、现实性和最终性在宇宙进程中获得了创造、汇合和兼容。可能性、偶然性和必然性在思想进程中设定了否定、矛盾和不兼容。当思想与不可能性相撞时，要改变方向的是思想，而非实在。

作为实用主义解释本体论/逻辑学区分的推论，它不能接受实在中的严格决定论，尽管实用主义确实期望所有现实性都具有条件性原因。实用主义过程本体论及其实在模态论的进一步推论是，复杂性可以通过交互性加时间中的简单性来解释，从而产生创造性。自然的活力在创造性生长中随处可见。实在一般项本身就像任何持续的过程一样经历着发展。

86 复杂性显然源自简单性。与之竞争的原则，即复杂性只能由复杂性来解释，最初由阿那克萨哥拉、苏格拉底和柏拉图在西方哲学中确立，然后被基督教神学家所认可，他们将所有创造归功于至高无上的**心智**。由此产生的“设计论证”长期错误地与达尔文进化论相矛盾。

小结

知识主要是积极探索和探究的成就，而不是被动感知或仅仅是认知。因此，对于实用主义来说，知识发生在人类与实在互动的建构性领域内，而不完全在实在的一边（仿佛认识的中介主要是外在的）或在人类的一边（仿佛认识的中介主要是内在的）。将心智及其认知方式视为语境性的也仅是迈向实用主义的半步，这会使知识陷入相对主义。

实在本身是相互依存和语境性的。允许心智在语境中工作，而又同时期望世界机械性地工作，这样想只会使知识成为一个谜。对于实用主义来说，认知的动态协调与其 87
他已经存在于世上的生命功能发生在同一个世界中。

在一个动态的世界中，创造性并不神秘。皮尔士同意达尔文的观点，即要解释的正是复杂性，而不是简单性。他和其他实用主义者将化学过程、生物体、个体、心智、社会、文化和任何其他事物视为发展性生长的产物。假设简单性总是在任何复杂性之前存在，或期望复杂性在没有发展的情况下就突然出现，或想象最终复杂性必然隐藏在发展之下，都会偏离科学，陷入非科学的推测。

自然知识的解释不需要以消除不确定性或无常为目的。忽略发展历史而规定必然性的解释是不充分的抽象解释。

5

第五章　后果中的真 89

永恒哲学采取了一种“回顾性”的真理观。实在事物应当被认知为认识活动之前的存在。实在事物不能不是它确切之所是，因此，对实在的正确思考必须接近那种确切性。在对不可变之物的思考中，可变性是一种不匹配，应尽可能减少从而获得知识。变化的事物，对感知来说过于丰富，这使得思想一直在流动中，心智被实际的追求分散了注意力，而未聚焦和分散的心智将不会获得任何知识。

坚定不移的统一性作为永恒的标志，正是认知的本质。正确的思考旨在实现与实在自身统一性最严格一致的理想。实在与对它的真知确实有关，但这不会破坏思想的正确性。因此，正确的思考必须在理解实在独立于心智的 90
同时，寻找思想与实在相关联的迹象。

詹姆斯深知正确思考的挑战，特别是关于思维和事物这两个必须既相似又不同的对象。他写道：

> 真理，正如任何词典会告诉您的，是我们某些观念的属性。它意味着与“实在”的“一致”，正如虚假意味着与“实在”的“不一致”。实用主义者和理智主义者都自然接受这一定义。他们所争吵的只是当实在被视为我们的想法要与之一致的东西时，“一致”这个术语可能确切意味着什么，以及“实在”这个术语又是什么意思。在回答这些问题时，实用主义者更具分析性也更细致，理智主义者则更加随意且缺乏反思。流行的观念是，一个真观念必须复制其对应的实在。[1]

实用主义同样期待实在与思维相关，并因此解决知识的挑战。实在是波动的、多元的、整体的、相互依赖的和动态的。作为回应，正确的思考将会是灵活的、透视的、非二元的、语境的和前瞻性的。实在和心智具有相同的基
91 本特征，所以认知与其他实践性思考并无根本的不同。知

识源于心智与实在的持续相互关联。实在参与对它的发现，不是以一种回顾性的被动方式，而是以一种前瞻性的主动方式。

静止的心智

一种永恒性的哲学以对与思维相关的实在的正确思考为标准来解释知识。思考如何知道它正确地与实在相关联呢？永恒性就是所需的标志。知识必须分享实在的真实特性及其永恒性，而实在缺乏多样性或可变性，因此通向认知的路径必须消除思考中的模糊性、变异性和差异性。只要两个思维彼此不同，它们就不能匹配同一个实在的事物。对一个实在事物不会有不和谐的真理，所以多样性和视角是缺陷，是对真实实在的偏离，尽管关注变异性有益于实践性心智。

知识本身并不可变。说“知识在变化”只是说，与实在保持同步的某个心智中的知识被修改了，并不意味着真理对每个心智都在变化。此外，一种永恒哲学坚持认为，变化如何能满足一个寻求实在的好奇心智呢？真正负责变 92

化的事物本身不能在变化，否则变化将无法解释，因此思考必须安息在静态的概念中，从而认识实在。在变化的思维喧嚣中正确思考是一项智力挑战，这要求对概念进行调节。规范概念，给它们严格的界限以消除模糊和随意，引导思考指向那个明确定义的、确定的统一性，而这统一性正是对实在自身统一性的刻画。

永恒哲学与作为知识理论的理性主义是相一致的。理性主义哲学寻求心智中不变的东西，以便思考能够领悟实在。在已经充满层层叠叠、聚合思维的心智中寻找不变之物，需要艰苦的专注。流动和变化充分体现了关系性，一个意义的暗示引领着下一个意义，以及下一个意义，如此循环往复，从未间断。知识的目标是思维与事物之间的结构关系，而不是融合和分裂思维之间的实体关系。

心智在何处能完全停滞在某个特别稳定的事物上呢？并非所有思维都是被平等创造的。一个独特的观念或概念，无论其起源是已知还是未知，都必须静态地观察它以进行心智评估。通过清晰明确地只思考该概念，而不受不
93 必要的关系或相反观念的污染，心智便能从错误和欺骗中解放出来。现在，统一性中的永恒与纯粹性中的概念就是

一致的了。理性主义关于真理的核心观念由这一原初的共-统一性所传达。心智通过确保其概念的对象正是该概念本身——而非某个不同的事物——拥有了真理。

对于理性主义而言，正确的思考处理的是真概念。从时间性、空间性、视角和个性的具体性中解放出来的抽象概念有可能通过这个严格的测试。这就是为什么只有那些普遍和一般的东西对于理性主义来说才是完全实在的，而任何特殊或个体的东西都处于一种不实在或依赖的状态。正如詹姆斯所解释的：

> 理性主义只有在抽象概念出现时才感到自在。实用主义者关于复数形式的真理的讨论、关于它们的实用性和满意度、关于它们"有效运作"的成功等等，会让典型的理性主义者认为这是一种粗糙、次级、权宜之计的真理。这样的真理不是真正的真理。这样的测试仅仅是主观的。与此相对，客观真理必须是某种非功利的、傲慢的、精致的、遥远的、庄严的、高尚的东西。它必须是我们的思想与同样绝对的实在之间的绝对一致。它必须是我们无条件**应当**思考的东西。

94 我们实际上所采取的条件化思考方式属于心理学的范畴，在这一问题中完全是无关紧要的。在这一问题上，应当摒弃心理学，提倡逻辑学！[2]

任何特定的、关系的、视角的、偶然的或可变的东西都不能参与有效的概念形成，因此这样的东西相对于完全真实的东西来说必然更加虚幻。除非理性概念将它们整编入已范畴化了的类别和法则般的必然性这类的图式中，否则通过身体感官感知到的任何事物都不能自成一类地被认为是实在的。只有最纯粹的严格推理的演绎才能确保知识与统一而永恒实在的事物的一致性。

理性主义通过从人类学和心理学中脱离出来，发展成了完全现代的形式。它把众多心智对其世界的非理性思考交给人类心理学去研究，而认为对实在进行逻辑性思考的理性心智的研究归于哲学的领域。

在那种理性主义的基础上，经验主义要么仅仅局限于人的信念的非实在（现象）领域及所有愚行和错误的原因，要么可以通过让纯粹概念和先验范畴决定何为对世界的认知知识而与理性主义融合。经验主义不断强调，通过

一致性联想聚集起来的感知及其原始感觉的基础，能积累 95
大量的知识。相对的理性主义则不断要求一种高标准的连贯性和一致性，而这是任何聚合的感觉都无法达到的。

从托马斯·霍布斯和约翰·洛克，到J. S. 穆勒和鲁道夫·卡尔纳普，感觉主义、联想主义以及实证主义从未超越那一挑战。为了使观察能承担命题和推理的角色，他们提出了各种策略，以巧妙地将概念结构嵌入到知觉之中。理性主义者当然对知觉提出了同样的预设要求，他们尤其认为将思维视为由物质感觉所引发和控制的观点是不可接受的，因为这否定了心智的自由。来自物体的感官刺激如何能够对关于那些物体的信念承担责任，或被要求承担责任？经验主义者越是坚持认为知觉必须导致概念的形成，理性主义者就越是坚持认为只有心智本身才能赋予知觉以意义。[3]

康德对知觉与概念之间合作的要求仅表明了这种紧张关系的条件，却未提供解决方案。随后，观念论者察觉到，如果外部世界不对意义负责，而所有推理都由一个独特的概念仓库所控制，那么这种紧张关系便可得到缓解。这种观念论推崇一个超越的心智、一种绝对心智作为所有

知识的来源。人类的心智包含在这个绝对之中，通过分享
96 其理想图式中的概念来进行特定的判断，它们在认知过程中的角色就像器官中的细胞一样。

20世纪，日常语言哲学所采取的“语言转向”，被融入了理性主义与经验主义的冲突之中，并很快促成了观念论的再创新。分析哲学对观念论因误用语言而不能明确指称外部世界表示不屑，它选择了命题作为表达真理的基础单位。一个命题何以为真？如果纯粹的感知连引导心智运用正确概念都做不到，那么任何感知都无法让一个命题完全可信。向窗外望去——在十秒的注视中，有多少命题性的信念应当被注入我们的大脑？基础主义的认识论问题及其对于寻求经验世界真理的原始观察的追求，无法回答其自身理论所提出的简单问题。

分析哲学，作为后康德主义哲学的一个发展阶段，反而完全将可信信念的责任寄托于心智的自我活动，其中信念的唯一可信支持源自其他信念。这种“理由空间”使理性与因果性隔绝，这与分析哲学对科学自然主义妥协的立场相一致，结果便是导致了一个没有规范、价值或意义的世界。所有理性的重担全然落在了语言之上，没有任何个

体能够在不参照常识的情况下拥有一个明确的思想，这包括哲学家们理智的思考。 97

罗伯特·布兰顿精练地阐述了这种将理性和逻辑简化为语言学分支的观点：

> 这里所说的“语言转向”，我指的是把语言作为哲学关注的核心，并且认为理解哲学问题应从表述问题所用的语言开始。但是，语言可以被赋予更加具体的含义。通过“语言主义”（类比“理性主义”）……我指的是致力于从语言能力的角度理解概念能力（一般的推论能力）。[4]

这种观点被归结为语言观念论。语言替代了那作为可用概念的共有仓库的超验心智，这些概念让可靠的判断具有或真或假的可能性。

哲学现在面临着这样的问题：“应该使用哪种语言？”对于非宗教哲学而言，“上帝之语”已不是一个可选项。那么，逻辑或句法学能否作为替代？答案是否定的，因为指称超越语言领域的外部世界，需要依赖语义学，就像科学不能仅仅依赖数学一样。然而，预期所有的智识问题都能够用英语来提出和解答，这揭示了分析哲学的狭隘性。

98 重新将语言学这门社会科学纳入哲学领域之后，其他学科也相继被引入。人类学能够为人类知识的文化相对论提供支持。“实验哲学”能通过社会学中的群体调查方式来反映人们对自由意志或道德评判的看法。社会学能够通过对科学领域内权力结构的分析来阐释科学的范式。心理学通过个人词汇量的大小来勾勒出个人主观世界的边界。哲学家们在强化自己论点时所依赖的直觉，实际上也是对一致性和熟悉性的一种追求。

理性主义退化为语言相对主义并很快再次堕入怀疑论。语言理性主义认为，正确思考等同于与使用相同语言的所有其他人类思想者的思考相一致。你能否知道某事只取决于已经被广大语言使用者所承认的理由。一个人可以知道其他人认为他们也知道的任何事，但这在任何意义上真的算是知识吗？

如同融贯论认识理论所深刻认识到的，任何信念体系所实现的内在一致性可能与外部世界的真实状况相符合，也可能不相符。地平说学会能够在一份传单上重述他们的世界观，而不表述任何相互矛盾的信条。经验主义提出了一个重要观点：真实世界不管怎样必须对信念产生可信的差异。语言融贯论是一种引起怀疑论的图式化观念论。而 99
所有这些都指向了一个根本问题：我们应该采用哪些概念来更好地理解世界呢？

无论如何，我们都认同复杂到足以进行推理的概念是可以用人类语言来表达的。相应的推论同样准确：语言能够适应人类概念化的发展。因为语言应随概念和学习的发展而变化，而非反之；如此一来，哲学便能将焦点重新放在智能认知上，而非仅仅是语言学上。[5]只言不行可能会使一个物种变成哑巴。作为协调负责任行为的首要工具，语言应直接回应于与经验世界的互动。相较之下，仅仅处理概念之间关系的概念图式并不能消除对知识的怀疑，因此某种形式的实践经验主义依然必不可少。

面临着怀疑论或图式论的两难境地，经验主义必须回应这一基本问题：正确的思考是什么？即便经验主义被批评为牺牲清晰性以求混沌，并为了任意的观点而放弃真理，但它不能让理性主义来定义推理自身的本质。推理涉及构想的观念——那么，哪种类型的概念最好呢？

理性主义的核心必须被质疑，实用主义者并没有忽视这一点。即使一个集中于极其清晰概念的心智成功避免了错误的思考，这个心智也会在不自觉中被自己的执着所
100 困，除了这一清晰的概念之外，无法寻求其他。这种概念的实在性是可以被承认的，但仅此而已。

预见到这种反对，即一颗处于静止状态的心智是一颗自我沉醉的心智，理性主义提出，所有不同的概念实际上都是在指向某些其他事物，因此心智同时在思考一个概念及其所指的对象。然而，这种概念的“意向性”并不能带来关于那个对象实在性的任何知识，因为一个人对概念的理解与对其所指对象的理解在心智上是一致的。这就像试图通过第二天重新回忆来验证一个旧记忆的准确性一样。实用主义对于“不证自明”“自我解释”之类的说法并不买账。没有外来的启发，任何思想如何能自行显现其真实性呢？

理性主义者所提出的“先验”命题示例，似乎只对那些已经就认识及使用某些特定概念达成共识的人毋庸置疑，而这种共识是理性主义者无法在不舍弃自我启示的概念下加以解释的。[6]实用主义并不追求在确定性或思考的停

滞上找到最终的安息；认知最多仅能找到暂时的休息和对怀疑的缓解。令人满意的观念能够支持实际的信念，但这只是因为它们目前未受到质疑，并非它们无法被质疑。当概念性真理和分析性命题被证明不切实际和不相关时，它 101
们就会被抛弃。虽然一个陈述今天可能表现出其自身的真理，但随后的一代人可能会发现它不合适、多余或毫无意义。

实用主义吸取的教训是：是实质性的关系赋予事物以真实性，而非其自身的自足或自我维持的孤立状态。一个概念的单一统一性并没有实际意义，而一个概念的二元镜像反映也无法触及实在。纯粹性或逻辑上的同义反复并不是真理的标志。如果思考能触及实在，那么对于正确的思考应有更高的期待。

运作中的概念

动态的思维必须超越僵硬或固态的心智。依据皮尔士的术语，我们需要的是一个三元的概念论述，由此引申出一个关于思考、推论和论证的三元理论。

詹姆斯总是愿意归功于皮尔士，认为他制定了理性本身的关键原则，一个关于清晰思考的规则，在皮尔士1878年的作品《如何使我们的观念清晰》中提出："构想我们所设想的对象可能具有的、在理论上可能有实际效果的后果。那么，我们对这些后果的概念便构成了我们对该对象概念的全部。"[7]

詹姆斯在其自己的《实用主义》一书中这样表达了实用主义准则：

> 102 要在我们对某个对象的思维中达到完美的清晰度，我们只需考虑该对象可能包含的可想象的实际效果——我们期望从它那里得到什么样的感受，以及我们需要做好哪些反应的准备。这些效果的概念，无论是即刻的还是远程的，对我们而言就构成了我们对该对象全部的概念，只要该概念具有任何实际意义。[8]

请注意他们的实用主义原则的核心特性：（a）一个概念必须对应一个对象；（b）该对象必须能够产生可想象的效果；（c）这些可想象的效果必须能在某种程度上影响我

们的实践活动。

只有关于清晰概念的“对象—效果—证据”的三重关系，才使认知能够清楚地思考实在之物，从而为认识事物的实在性提供可能。关于无效之物的观念为空，关于无法辨识之物的探索为盲。通过致力于解决实际问题，没有任何心智会完全沉迷于虚假之中，即便知识的获取最终是有层次的。心智总是在现实中找到某种锚点，理智总能以某种方式接触到可理解的实在。实用主义的朴素驱散了长久困扰欧洲的怀疑论幽灵。

依据皮尔士的原则，实在论没有被遗弃，而是得到了
挽救。实在依旧是真正概念的中心。想象一个没有效果的 103
事物，就是在沉思一个缺少实在性的事物。（只有数学涉及此类概念，因为它并不旨在指向或涉及任何真实的事物，也不需要用来解释数学真理。）仅在定义上思考某事或许能试图指称某物，但它并没有断言任何实在性。比如，考虑“每一个物体都必须具有延展性”并不要求任何物理实体或延展物的实际存在。

提出一个概念在皮尔士设定的条件下可被实现，这与断言一个命题具有表征性质是不同的。持续思考一个命题

使人能够想象现实中是否存在一个相似的静态结构，但单纯的表征并不能保证其能被实现，也不能确切地验证其真实性。相反，一个真实的概念实际上是关于一个可能真实存在事物的动态模型，该事物参与到其实现的过程中，并以此进行验证。这种概念模型包含了通过实验来实现其真实性的可能指南。

通过皮尔士清晰度检验的概念在多重意义上均为三元结构，这一点通过他的符号学或符号理论得到了阐释。皮尔士和詹姆斯对经验主义的复兴，以及杜威对此的进一步发展，有三个不可或缺的核心特征。

首先，清晰的概念属于我们所有人，因为正确思考的心理学是人类共享的，而非唯我论式的，这是多个思想者
104 共同对实在进行思考的过程。孤独的思考者不是在为对话整理思维，就是在幻想中寻找乐趣；即便笛卡尔的冥思也为了公众的理解采用了公共的语言。思维的共同性是社会心理学中所特别强调的。

第二，对某事物清晰且有重要后果的概念自然而然地适合于推理的过程，这一过程不需要额外的抽象假设。所有值得思考的概念内部都嵌入了意义深远的意义链条，既

然对象具有被构想的效果，那么这些效果必然对其他事物有着可推测的影响，如此这般，无穷无尽。心智在序列化和综合化的无限链接中，为符号学提供了灵感。

第三，为了获取知识，正确的思考必须能预见经验性的后果，规划出可辨别的条件，并进而验证实验结果。不同于演绎的确定性或归纳的概率性，这样的思考需要用溯因的假设来探索可能的实在，这些实在是经验模式的根源。知识的候选项是那些创造性的概念，这些概念描述的对象不仅存在于其特定的语境中，还对周遭的效应有所贡献。实在的是指能够对其他事物产生影响的东西，而可知的实在就标志着思考者在考虑其作用时的可识别差异。思考创造和重塑概念的能力是为了与实在的持续互动，这就是**实用主义**所提供的一种心智理论。

知识的客观性目标可以与心智对世界的认知活动达成 105
一致。心智的工作不仅仅是在世界造成刺激之后开始的。世界对于认知者的影响，本身就能够被那些寻求真实信息的理智所控制。任何事物独自的活动对知识来说都并无价值。客观性的含义不应该是“永远无人能解的答案”，而应该是“那些努力学习的人能够探索到的答案”。每种哲学都至少应当认同，客观的事物是思想能够符合的事物。将客观性视作思想无须符合的事物，只会让思想在主观性中迷失方向。

在众多哲学派别中，实用主义尤其重视这一原则：一切实在之物均为思想能够符合并验证的对象。对某物的概念，若其在可触世界中不伴随任何后果，则该概念指称的就并非实在之物。反之，唯有设想一物可能的经验效果，我们才能构建出关于其实在性的概念。这构成了实用主义准则的精髓。

在晚期的论文《什么是实用主义》(1906)中，皮尔士重述了他的核心论点：

> ［一个］概念，亦即词语或其他表述的理性意旨，
> 106 完全体现在其对生活行为可能的影响上；因此，既然显然实验中任何无结果的事物都无法直接作用于行为，如果能准确界定一个概念可能蕴含的对所有可想象的实验现象的肯定或否定，那么就能得到该概念的完整定义，而且实际上再无其他的含义。他［作者］为这一理论创造了“实用主义”这一名称。[9]

处于完全隔离中的事物，无法被视为具备任何属性、能力或力量等，因而它无法对其他事物起到任何解释性作用。如果一个事物的实在没有带来经验性的后果，那么对其进行肯定或否定都是不可能的，包括对该事物的存在等的任何断言之真假也无从谈起。

检验中的知识

实用主义不将事物的实在性简化为其可识别的效果，也不会模糊真理与实在之间的界限。实用主义代表了一种坚定的实在论。

实用主义将事物的实际性之真理确立于对该事物产生具体可识别效果能力的确认之上。对实用主义而言，一个 107
实在之物通过其变化以影响其他事物。一个活跃的实在之物必须具备潜在的**可实现性**，这种可实现性既表现为其效果使之对世界**显现**，也表现为其效果通过探究者的观察变得**明显**。真理不存在于明显之物或实在之中，而是存在于实在事物所能显示的与探究者所能确认的之间的协调一致。

简而言之，真理必然与其他有所不同，因为实在的事物确实产生影响。1907年，詹姆斯在《实用主义》中阐释了他自己版本的实用主义准则：

> 然而，理智主义者的根本假设是，真理本质上是一种不动的静态关系。一旦你对任何事物有了真确的理解，那问题便终结了。你掌握了它，你明白了，你实现了你思考的宿命。而实用主义则提出了它惯有的问题："如果承认一个观念或信念为真，"它问，"它的真实性在个人的实际生活中将带来什么具体的变化？真理将如何得以实现？如果这种信念是错误的，又会有哪些不同的经历？简而言之，真理在经验上的兑现价值是什么？"[10]

109 理智主义（即理性主义）满足于无法实现的真理，这种真理一面与不变的实在相匹配，另一面则与静态的思维方式相结合。真理本身超越了认知者的理解范畴；只有当观念或信念被认知者所领悟时，它才可能被实现，而这可能真实也可能并非真实（这取决于实在本身，而非认知者本人），因此一个认知者可能持有一个真的信念而未能认简而言之，真理必然与其他有所不同，因为实在的事物确实产生影响。

识到其真实性。

理性主义也并非不强调认知者如何通过理智的证成来认可真信念。但是，按照理性主义的观点，一个经过充分证成的信念并非自然而然就是真理，因为理性主义对真理的定义并非简单的“得到证成的信念”，更准确地说是“得到证成的真信念”。真必须作为知识的第三个必要要素，因为信念的真完全取决于现实的实际情况，而非认知者能够证成的内容。

尽管这种三元方法看起来十分合理，但根据理性主义对真理的理解，认知者不可能参与到真理的构建中。知识的获得仅在实在、真理与信念三者之间保持严格一致时才可能实现。如果认知者在更深入的思考和论证后对某个信念进行了修改，那么这个信念可能就不再具有真实性了。

在理性主义看来，认知者无法改变真理。认知者可以改变自己的信念，但要改变真理则需改变实在，而认知者
110 永远不应为了认识实在而改变实在。知识的目的在于认识独立的实在，而不是依赖于特定情境的事物。通过创造一个对象从而构建一个可识别的“真理”，不是获得真知的正确途径。知识讲究的是事物的真实状态，而不是认知者

的行动；认知者的行动在持续变化，而待认知的实在则对认知者保持静态的漠然。如果认知者希望真正理解实在，他们必须停止对实在的任何干涉。

从客观唯心主义、科学唯物主义到实证经验主义，现代各类型的理性主义均坚持限制认知者对实在的干预。

在客观唯心主义中，绝对心智所知的，最多只能在认知者自身的心智中部分复制。就唯物主义或物理主义而言，科学仅通过控制实验条件来揭示那些自然而然就存在的事物。至于实证主义，知觉的核心是直接感受当下给予感官的事物，而不是用认知者先前的概念去充实这些知觉。

在这三个选择中，认知者的心智与所要认知的实在之间的关系变成了一个复杂的难题。

在唯心主义（观念论）中，认知者的心智尝试复制一种图式化的完美知识。由于这个不完美且有限的心智已被包含于绝对心智之内，这种知识复制的过程永远无法得到 111
任何认知者的确认。在物理主义中，理论家的假设仅关注某个实在之物已经展现的行为，因此有效的实验设计绝不能引起对假设实在的任何改变。虽然这原则上看起来无懈可击，但这种条件的满足却无法通过科学验证。在实证主义中，认知者的知觉信念应当最大程度图式化地反映既定知觉的本来面目，而非通过思维引入某些歪曲。知觉信念固有的概念关系必须完全源于一种内在的非概念知觉，来自它们之间某种不可知的联系。唯心主义、物理主义及实证主义都各自缺失了一个关键环节。

理性主义的各种版本最终不可避免地走向同一个怀疑论的绝路。理性主义实际上阻止了认知者对知识的真值条件是否真正被满足的确认。真理与实在的关系首先是由独立于认知者心智的实在所界定的，而理性主义所承诺的，却是认知者无法验证的，即心智图式能正确地将认知者的信念与实在对齐。认知者只能依赖于形式化的图式和一种纯粹的希望——一种无法通过任何进一步哲学辩证来证实的希望，即由该图式构建的真理形态能够与实在形态相匹配。

康德哲学及其大部分后继哲学，包括分析哲学与众多
112 的大陆哲学，均展示了这一不可避免的怀疑论困境。通过实用主义对黑格尔的解读[11]，以及（生成论的）认知科学、实在论的现象学，和部分的无常哲学，可以规避这种困境，实用主义本身亦然。

实用主义提供的解决之道在所有选项中最为明确：真

知识是在与持续变化的实在进行深思熟虑的交织中创造性地产生的。这种方法违背了理性主义所设定的不变性规则，包括:（a）可知实在不受认知活动的影响;（b）关于基础实在的真理不会因不同认知者或时间的推移而有所变化；以及（c）可知真理不能本质上依赖于认知者的动态创新力。

实用主义坚决认为，真理与认知及实在之间的协调关系，必须通过变换与现实世界的互动来实现。相对而言，理性主义总是埋怨，即使是可行的理念，最多也只是有幸与静态的实在相吻合。“无用之物仍可能为真，有用之物却可能为假!”是理性主义从各个角度提出的批评。无论一个观念在经验上多么令人满意并且值得被视为知识，理性主义者也只会承认，这个观念必须早在被确认或甚至能够被确认之前就已经是真的了。

实用主义试图去替代的正是理性主义中的那种“回溯性”的真理观。约翰·杜威在1907年的文章《实在和观念之真的标准》中，以这样的方式陈述了实用主义对真理的看法: 113

在一个想法被证明为真之后，我们自然会回溯性地说，“它一直都是真的。”作为一种老套的说法，这

> 种说法本身是无害的，它只是重新陈述了这样一个事实，即这个想法实际上已经成功地发挥了作用。但它也可能不被视为老套之词，而是被认为提供了一些额外的知识，仿佛它确实是关于真理的一个启示的曙光。然后有人说，这个想法之所以起作用或被验证，是因为它本身（仅仅作为一个观念）就已经内在的是真理；据此，实用主义者被认为犯了一个错误——以为它之所以为真是因为它起作用。如果有人记得实验主义者的意思是，一个观念的有效运作和它的真实性是一回事——这种运作既不是真理的原因也不是证据，而是其本质——就很难看出这个陈述的重点了。[12]

通过这个关于在获取知识的努力之前“真理”之不相关性的大胆声明，我们可以总结皮尔士、詹姆斯和杜威关于认知认识和真理的实用主义论点。

114 ## 小结

若要让实在的概念对于建设性探索和理性探究具有意

义，它们必须真实地与经验事实相联系。为了使某一实在概念能在探究过程中有效地促进知识的形成和发展，该概念应当涵盖对其肯定和否定可能带来的经验性后果的理解。

想象力在这里对于探究起着重要作用但是也有所限制。创新思维并不需要具备实际存在就能具有意义，但如果这些想法被认为与实在有关，它们就必须成为适合于在经验世界的互动和经验探究中运用的理性概念。

在实用主义者对真理的预期性看法中，真理之所以成为真理，不仅因为它们被认识到，更因为认知者的深入探究。知识是基于实践（经历、经验、实验）得到证成的信念，而“真理”只不过是对已知信念的另一种称呼。

简而言之，“P是真的”意味着“认识到P”，或者当提出一个新真理时，可能意味着“P可被认识”。真理的断言除了这些含义之外，没有更多的知识性内容。“P是真的”不能仅仅等同于“P”，因为单独的“P”要么是（在实用主义的视角下）断言认识到了P，要么缺少表达其任何意图所必需的语境。

6

第六章　存有与思维 115

在实用主义观点中，真理是通过与协作性的世界之间进行有效互动逐渐积累而来的，也就是说，通过实际实验控制结果，可知的实在才得以出现。

A. 实在通过探究性动物在追求目标时的生产性活动参与到知识的创造过程中。

B. 结果指示了智慧动物如何发现产生有反应的实在的可靠程序。

实用主义认为情境A和B是对同一过程的等价描述：
A和B可以互换，而不会丢失或扭曲其意义。只有词语的 116
内涵和对术语的预设概念，才会让人将A和B视为不同的事物。

从语法上讲，A和B都暗示了一个方向性，从实在到探究再到目的，或反之。如果B看起来“主观”甚至是观念论的，那么命题A可能听起来更“客观”、更实在论。选择性强调的语言偏见也可能会起作用。命题A允许强调知识对真理的确认，而B则强调心智对于发现的重要性。尽管如此，实用主义在此观察到的是同一种努力。而对立的哲学，尤其是永恒哲学，则无法同意该观点。

与实在一同思考

在考察哲学领域时，有五个显著的主要特征。实用主义认为，这五个方面紧密相连，每个方面都与其余部分和谐共存：

世界—真理—心智—目的—价值

非实用主义哲学通过割裂某三项来追求形而上学的优越性，同时对其他观点进行贬低。理性主义将**心智**与**真理**－**世界**相联系。主观主义将**价值**定位于**心智**－**目的**之中。绝对主义将**心智**等同于**世界**－**价值**。实用主义对这所有方

面的共同承诺构成了第四个主要选项，对这五个方面的全 117
部放弃，则定义了作为第五个选项的神秘主义。

首先，让我们听听理性主义的观点，它批评实用主义将知识限定在不断变化的实际应用之中。当知识和真理被剥离了价值，这会将心智置于何地？追求真理的理性，最好能够远离情感与情绪的偏见，保持客观性。实用性会分散我们心智的注意力，而理智性则能使心智团结一致。从而，心智在内部分裂，或是面对实在，或是沉迷于幻想之中。理智有一个根本的目标，那就是为了追求真理而追求真理。按照理性主义的看法，实用主义让其他目标来指导知识。如理性主义所描述的实用主义观点——“知识是有价值的，因此被认为有价值的就是所知的”，这把实用主义简化成了一个错误的口号。真理是许多价值中最为宝贵的，但据理性主义所见，这都与其实用的后果无关。

到底是什么决定了一个命题的真值？理性主义用自己的口号进行回应：“真理的价值不等同于价值的真。”因为几乎任何思考在某个时间某个地点的某人看来都可能具有价值，因此有太多观念被认为是有价值的，从而被认定为真实的。这样，大量不同的真理永远无法内在一致——这会导致无休止的矛盾，其中“P”与“非P”、“S是P”与“S不是P”以及关于“R存在”与“R不存在”的信念都被认为可以同时为真。

118 搁置不矛盾原则（和排中律）为完全的相对主义打开了广阔的视角，在这个视角下，几乎没有什么是错误的。对理性主义而言，坚实的真理坚守不矛盾原则，避免了相对主义。在坚实真理的指导下，所认知的观念关乎客观存在的事物（而非任意欲望的对象化）。因此，坚实的真理从追求统一的实在而非混沌实用性的理智心智中，滤除了导致分裂的**目的**和分散注意力的**价值**。这种对客观实在的统一体现为一个关于稳定事实的独特命题，事实形态的实在为命题提供了真值。凡是事实性的，便可被认知，因为理性与**真理－世界**相一致。[1]

代表知识发言的下一个理念是主观主义，它对于真理的符合性和实用性都不推崇，而且它彻底放弃了对统一与不变真理的追求。在追寻“真理”的过程中，避免相对主义的成本必须控制在合理范围内，不应付出过高的代价。面对“心智众多，真理却唯一”的说法，主观主义不得不质疑：“怎样才能确信无疑地宣称这一点呢？”

将心智撕裂，以解放不带偏见的认知，将“理智”与其他重要的思维分隔开来。在这一过程中，没有任何东西可以保证理智真正地获取了知识。实在从心智中独立出来，在心智所把握的命题与实在所依赖的事实之间形成了 119
一道深渊。构造一个命题并赋予它所需的精确性，总归是依赖于运气。（而且，跳出所有心智，在形成命题之前审视实在，对于人来说是不可能实现的。）实际上，填补这一深渊的任何尝试都无法成为某个主体可以理解的思维对象。

思考这样一个“命题P*，即‘一个事实F与命题P相符合’，与关于心智与实在关系的事实F*相符合”，其实是一种心理上的重复或者可以消去的递归。换言之，声称“P确实为真”与一个人仅仅声称P并无不同。同样，这些主张仅仅存在于个人心智之中，并非被揭示给心智的真相。逻辑上的二元性（即疏远的理智与实践心智之间的二元论），以及本体论的二元性（即思想与事物之间的分隔），这些都减弱了我们关于真理的信心：是否有理智真的知道事物的真相，还是说知道的仅仅是观念间的关系。对于主观主义而言，所谓的符合论如同一座通往虚无的桥梁。

这些都是实用主义者所抱怨的。理性主义明显冒着走向怀疑论的风险，确保了理智能够避免相对主义，但结果只是使得心智仅仅专注于自己的思维。在此种情况下，主观主义认为，至少最了解的是能思考的心智本身。即便是对于外部真理持怀疑论，但心智仍然拥有可充分思考和追求的领域。因此，**世界**和**真理**可以被排除在外。

120 当**世界**和**真理**被置于次要位置时，主观主义强调，心智确实知道自己渴望什么，并且知道如何思考以实现这些愿望。主体的本质在于意愿而非逻辑推理。思考应当由对目的的**专注**和**价值**的吸引来指导。如果这一立场被视为某种相对主义，其中每个主观心智自行决定什么是真信念，那么至少怀疑论不再是个问题。让知识的获得可以通过每个心智自身的探索来决定。通过**心智－目的**的多样性，可欲的就可以成为可知的。[2]

怀疑论对真理的态度同样是绝对主义的关键转折点。理性主义和主观主义——一个是不情愿地，另一个是热切地——都对真理提出了怀疑。然而，这种怀疑并没因为它识别了普遍的误解和错误就变得更有智慧，因为真理不应当因此而丢失。把所有的思考都视为错误的前提是实际上预设了正确思考的可能性。若没有真正“命中”的可能性，就不可能对某一事项的理解有所“偏差”，无论这个可能性有多么微小。随意地向夜空伸出手，模糊地指向上方的星星——没有旁观者会说：“那可不是指向织女星的好方法。”

在思想没有“适配”的场合，关于准确性或不准确性的“事实”也就不存在了。同样地，对于绝对主义而言，不准确性的存在则预示着某个思想的“适配”可能性。在任何地方归咎错误，正如在某处承认正确性一样，都属于 121
同一种认知行为。因此，不矛盾的原则在任何比疯狂更具理性的思考中都占据上风（这样反驳了相对主义和主观主义）。没有真理就没有错误，不仅在抽象意义上如此，在错误频出的实际世界中的具体真理层面上也是如此。

任何心智关于某一问题的思考，只要具有明确意图，便可被判定为准确或不准确，这证明了真实性对于心智的固有价值。与主观主义相比，绝对主义更深刻地揭示了心智的精髓。思考不可能完全脱离现实；心智的有目的行为预设了客观实在是可被认识的，因为真实性本质上不能被视为不可知的。从怀疑论出发，最终得出的结论是，知识符合实在，而且实在必须能被心智真实地认识。这里讨论的不是具有错误偏见和多样性的特定心智的心智性，而是绝对（非相对性和统一性的）**心智化**的**实在**。

对于绝对主义而言，个体心智自身是不完整且不充分的，与它们所追求的单一实在相比显得没那么真实。有价值的真理消除了相对主义，并暗示了客观性，这要求对本来可能是混乱的事物进行普遍的结构化。超越碎片化的主观性和不完整的目标、最终达到价值的整全终极、所有目的的彻底实现，在此，真实的心智与真实的实在之间的区
122 别消失了。在这**世界－价值**的绝对整体中，实在之物早已可知晓。[3]

真理－世界（理性主义）、**心智－目的**（主观主义）和**世界－价值**（绝对主义）的世界观，并没有穷尽哲学的可能性。除了那些试图将［**世界**、**真理**、**心智**、**目的**、**价值**］这一集合中不协调的元素混合起来的乏味哲学外，还有两个重要的选择：神秘主义和实用主义。

神秘主义通过否定每个竞争世界观中的关键信条，提出了一个在［**世界**、**真理**、**心智**、**目的**、**价值**］之间的调和方案。面对**目的－心智**，它反对心智只需要注意的意愿就能获得何为已知的观点，因为真正需要留意的东西，无

须任何努力即可被察觉。面对**真理－实在**，它否定了所有可知的事物必须是概念性和命题性的原则。因此，不矛盾律随之失去了相关性（从而让客观与主观的区分得以消失）。

面对**世界－价值**，神秘主义质疑真正的价值是否需要与精心构建的结构相符。在纯粹的当下体验中，不需要进行任何概念性的思考。放弃这三大原则，让心智本身减缓脚步，在不关注、不确认、非二元的平静中找到安息。非故意的不专注允许不定且无限之空虚的无分别的至一性，同时，随着个体的独特行为渐渐无抵抗地融入统一的和谐性之中，个性变得不再重要。如果真理仍然存在，那就让 123
它被称为“**启发**”，在真实性－觉知－专注的宁静统一中，焦点停留在当下，这就是最宝贵的实在模式。

虽然，实用主义作为一种世界观，与神秘主义几乎没有什么共通点，但神秘主义在经验和谐中对真实的理想性与实用主义对知识的看法不谋而合。[4]

存有与思维

实用主义的方案通过承认（并进行适当调整）其他世

界观的关键信条，使所有五个要素［世界、真理、心智、目的、价值］达成一致：心智的目的性、知识的客观性、世界的价值及真之间的和谐。具体来说，这些修改后的原则包括：（a）心智的审慎专注力以实验性的方式产生可以学习的东西；（b）知识要求对概念和命题进行优化；（c）价值的获得随着与实践结构的一致性而增加。

这些信条在调整后展现了一种动态的维度，把［世界、真理、心智、目的、价值］的集合转变为［实在、真实、心智、活动、终极］。为了确保不产生逻辑或本体论的裂隙，这种世界观还额外确认：（d）理智心智作为实际结构化的实践，积极地进行操作；（e）通过优化概念/命题
124 内容的实验性尝试，真认知得以增长；（f）实践性实在是任何值得获取的知识的最终目标。最终，知识的产生来自和谐，即这五者之间的整体性和谐：

实在、真实、心智、活动、终极

在这种哲学的和谐中，每一部分本质上都依赖于其他部分，它们之间的联系与以下几个要素的纠缠是密不可分的：

目的、需求、思考、所知、实物

实用主义的对手无法完全解释知识，甚至面临着彻底放弃知识的风险。实用主义可以与理性主义达成一致，即坚实的真理作为一种规范性理想，引导知识向着客观性发展。理性主义坚持为了知识的一致性，实在是预先形成的，这迫使实用主义对导致怀疑论的二元对立持反对态度。按照理性主义的观点，如果心智是碰巧获得了知识，它们就无法实际理解或实现这些知识，这反而破坏了理性主义对于永恒性的追求。

主观主义和实用主义一样，将二元论和怀疑论视为防护真理免受相对主义侵蚀的糟糕回报。一些类型的主观主义融入了无常哲学（比如人格主义和存在主义），为了避免陷入唯我论而努力恢复某种程度的客观性，也让它们趋 125
向于实用主义。同样，实用主义认为心智也完全围绕着目的而得以组织，但它期望众多心智在追求知识的努力中实现组织。因为可行的信念趋向于在合作的探究心智之间形成客观共识，真理并没有因为相对主义而被抛弃。

实用主义赞同绝对主义的看法，即带有明确意图的思考确实预设了实在与心智之间可能符合（或不符合）的关系。然而，和理性主义一样，绝对主义预设了精确概念的存在，这些概念足够精确以匹配概念化的实在。如果个体心智能够正确地理解某些实在，那么这些心智就不能被视为比它们所认识的实在更不真实；如果个体心智无法正确理解实在，那么这些心智就永远无法领悟**绝对心智**，怀疑论便会重新浮现。

在理性主义、主观主义、绝对主义乃至神秘主义的视角下，个体心智最终返回起点，即对可实现的有价值的目标的追求，只能通过理智来进行。真理就存在于此，而非其他任何地方。坚持永恒哲学的人拒绝查看真理的自然家园和它所栖息并被创造的心智。“真理在那之外”，在远离经验和生命温暖怀抱的广袤天地之外。在现代欧陆哲学
126 中，这一原则通过伊曼努尔·康德关于“物自体”的教义得到体现，一个永远不会显现的“物自体”，不知何故却为心智内的不同感知内容负责。

皮尔士、詹姆斯和杜威将实用主义视为哲学抛弃任何形式的康德物自体概念的最终归宿。皮尔士回顾了他在19世纪70年代提出的实用主义，并在后来将之称为“实效主

义”，这一理论排除了那种康德式的特性：

> 当前作者在被逐步推向实效主义之前，一直坚持纯粹的康德主义。任何康德主义者，只需真心放弃物自体（无论多间接）能被理解的观念，并据此修正康德的理论细节……[5]

在皮尔士那低调的表达方式中，“修正细节”实际上意味着需要对现代哲学进行一次大规模的重构，詹姆斯和杜威对此深有同感。到了1890年，杜威明确指出，若哲学缺失了物自体的概念，便无法将思维与实在分开。

> 若我们按照其本身的基础及分析方法来重构康德的认识论，从中除去物自体的概念，我们会发现，无
> 论是纯逻辑还是纯本体论，均为不可能的抽象。纯逻 127
> 辑本身是不存在的；逻辑仅作为整个经验判定过程中的思维因素而存在……[6]

在1890年，詹姆斯出版了他的里程碑式著作《心理学

原理》，在这部作品中，他通过引入思维探索的关联事物的经验场来替代康德对于关系思维与非关联事物之间的二元对立。[7]

> 可能有也可能没有一个超越经验的“物自体”推动着一切的运作，或者一个永恒的“绝对”，处在人类思维做出的所有连续决定的背后。但是，人文主义认为，至少在我们的经验本身内部，有些决定显然是独立于其他决定的；如果我们提出某些问题，它们只有一种答案；如果我们设想了某些存在，就必须认为这些存在在设想它们之前就已经存在；如果某些关系存在，只要它们的元素存在，这些关系就必须存在。
> 128 因此，按照人文主义的观点，真理意味着经验中较为不定的部分（谓语）与相对更为固定的部分（主语）之间的关系；我们无须在经验与其本身之外的任何事物之间的关系中寻找真理。[8]

当哲学不再尝试去理解那些本质上无法理解的事物，如“物自体”时，它便不会再被引诱去将任何与所有概念和心智关系隔绝的事物作为实在。形而上学实在论通过否定“实在”需与思维有任何联系，为全面否定所有观念论提供了理由。然而，要现实地解释思维怎样拥有一个真实的对象，它们之间（除了纯粹的偶然巧合，即解释的缺失）仍需某种关系。忽略这一需求便会产生那个神秘的“物自体”。

实用主义者把认知及其变革作用置于更宽广的经验范畴之内。实在既不完全属于认知领域，也不完全超越认知，但原则上，实在必须能够与经验有所关联地被设想。通常，将“思想”仅仅从“实在”中分割开来是不可能的。哲学只有放弃从二元论角度将思想与事物割裂的诱惑，才能达到某种形式的客观性。

正如詹姆斯所展示的，杜威也将思想视为与世界中多
样事物的关联性进行积极互动的过程，而非在无法共同构 130
建世界的孤立实体之间施加某种关系。

> 康德哲学的本质难点在于，它需要展现两个根本对立的元素——一个源自物自体，另一个源自思维——这两者如何能够被整合。这一难题促使他的后

哲学只有放弃从二元论角度将思想与事物割裂的诱惑，才能达到某种形式的客观性。

> 继者朝向“绝对经验”的概念发展，该经验是如此全面且恒常，足以解消康德式的二元对立。
>
> 同时，哲学领域内外的发展，特别是在生物学和社会科学中的进展，正推动着对经验这一概念进行彻底的重新认识……由此得出的经验概念的核心特征，可以与该术语在日常非专业用法中的两大含义相联系：一是尝试和实践中的检验，二是经历、承受和遭受。前者，即更为主动的含义，与实验及经验的有意控制相联；后者，即更为被动的含义，涉及个体依赖于与其外部的社会及自然世界的接触……但在这两种情况中，都存在着某种超越常态的努力，目的是为了生活的利益而改变环境。[9]

对于这些实用主义者来说，心智和客观性的结合是自 131
然而然的，因为从未进入思想的就不是实在的，而只存在于思考中的则是主观的。

从康德的二元对立中汲取到的严肃教训在于：凡是试图透过哲学上的努力，去剔除与心智和思维相关的种种关系，以便考察在未被思考且未被概念化的纯粹状态下究竟剩下什么，这都是徒劳的，因为我们始终无法真正辨明那个剩余的东西“真的”是什么样子，也无法了解心智思维究竟向其中“添加”了什么。

在经验中不存在与思维完全隔绝或等待思维“首次触及”的事物，同样也不存在与可能思维永远无关的事物。我们认为某些意外遭遇之所以未被识别，是因为思维的关注迅速激发了对它的进一步认识；我们之所以认为经验之外的某物引起了某个事件，是因为思维的构想预先引发了与它的更多联系。通过想象那些事物如何可能被直接或间接地遭遇，我们合理地推测，未知的事项仍在等待我们认知。月球的暗面之所以能够被思维客观地探索（而非在思维中被主观创造），是因为认知的能力引导我们进行与之相遇的活动。相反，完全未被思考的事物必须被认为是不可想象的，从而被哲学和科学所无视，因为二者追求的是实在。

132 既然超出经验范畴的未思考内容与非实在无异，那么实在必须被理解为在经验内与思维有所联系的存在。客观性不能属于非实在，因此客观性寓于实在与可经验之事的联系中。在实用主义看来，“经验”远非仅是主观的，因为它就是在行动中可遭遇的那个世界，这正是在排除了静态的“物自体”和固定的“思维自体”后，哲学继续保留的部分。

思维与客观性

实用主义依托于经验，但并非基于理性主义所强加的、对经验的误解。理性主义要求推理在经验之外的某些认知领域内进行。尽管在现代哲学的发展过程中，经验主义与理性主义保持了对抗，但对超越主观主义和观念论陷阱的实际生活经验的完全信任，则留作了实用主义革命的任务。[10]

在杜威对旧经验主义与新经验主义所做的对比中，他突出了在主动参与的经验过程中，推理所应占据的恰当位置：

> (i) 在正统观念中，经验主要被看作一种知识事务。然而，对于那些并不以古老视角进行观察的人来说，它无疑显现为生命体与其物理及社会环境交互的 133

过程。（ii）根据传统，经验（至少首要地）被视为一种精神事物，整体上被“主观性”所浸透。经验对自身的认识则是一个真实的客观世界，这个世界介入人类的行动和遭遇，并通过它们的回应而经受着变化。（iii）对超出简单当下显现事物的认识而言，既定理论只重视过去。记录已发生的事和引用先例，这被视为经验的本质。经验主义被想象为与过去的“所予”紧密相关。但是，在其鲜活的形式中，经验是实验性的，并努力改变所予之物。它以前瞻性、探索未知为特征，与未来的连接是其显著特质。（iv）经验主义传统致力于特异性。连接和连续性被视为外来于经验，是其真实性可疑的副产品。一个经受环境并努力在新方向上控制它的经验，恰恰孕育着连接。（v）在传统观念中，经验与思考是对立的概念。推理，就它不仅仅是过去所予物的复兴而言，是超越经验的；因此它
134 要么是无效的，要么是一种绝望的尝试，即通过利用经验作为跳板，跳向一个稳定事物和其他自我的世界。但是，脱离了旧经验概念所施加的限制，经验事实上充满了推理。显然，没有推理就没有意识经验；

反思是原生的且持续存在的。[11]

经验世界远超过被动接受所予，更多关乎主动选择索取。一个有趣的事物和一个充满兴趣的观察者共同创造出有价值的意义和有效的理解；就任一方面单独而言，对认知的贡献都有限。这是杜威将其定义为“交互的”主动经验的观点，而这也构成了所有实验的基础。经验主义所承诺的客观性，由实用主义对思维在世界之中——而非仅在意识之内——展开其工作的坚持得以实现。

在坚持永恒哲学观点中，无论是实在论还是观念论，“物自体”均能呈现出多种形态，因为它们坚持认为客观性奠基于独立于经验的流动和变化的实在。同样，“思维自身”对于理性主义哲学来说也是长久存在的，因为它们认为，为了与实在建立联系，所需的正确思维方式必须是能够自知的。而放弃这些被神话化的概念可以解放思想，让我们重新与世界建立连接。

就实用主义观点来看，过分追求必然性会偏离客观 135
性。比如，“分析性”判断据说显示出必然性，这种必然性依赖于在思维中同时维护两个观念的心智活动。另一个人在心理上比较这些观念时可能并不会发现这种必然性，从而将必然性视为一种主观问题。抱怨任何异议者“不理解这些观念的含义”实际上是逻辑上的回避，因为这里所说的“含义”涉及的必然性需要被证明，而不是被预设。同样，“但我无法设想其他情况”这样的说法，也仅仅是关于个人主观思维的陈述，没有更多含义。

声称理性思考者已经理解某一观念的“含义”，其实是提出了一个关于另一种超越具体思考者的“思维自身”的主张。语言促成了这种幻象的形成。使用共同语言的人们理解其词汇的含义，因此对于可设想的任何必要性，都是相对于语言能力而言的。总的来说，概念上的必然性与主观性和相对主义紧密相连，而非与任何类型的普遍客观性相关。

实用主义同意依据语言相对主义而形成的稳定公共含义，只要语言共同体认识到自己在改变和创新概念含义上的责任以适应经验的扩展和知识的增长。科学共同体快速地建立和调整他们的专业术语含义，而语言的逐渐漂移和
136 发展也同样标志着整个社会发展的缓慢过程。

理性主义者依然坚称存在超越所有语言共同体之上

的“真概念”来确保必然性，他们寻求的是能被抽象**心智**（而不仅限于具体心智）思考的“思维自身”，因此理性主义导向绝对观念论。这样一个抽象**心智**会思考什么内容呢？“思维自身”最终又回到了“物自体”，换句话说，它回到了不存在之物。

仅当没有任何可想象之物能否定一个命题时，该命题才被认为具有必然性的可断言性。若没有任何可想象之物能够使一个命题成为假，则它与一切都不矛盾。然而，按照皮尔士的观点，一个与一切都不矛盾的命题实际上不指向任何具体事物。因此，一个必然性的命题实际上不能指涉任何具体的事物。

因此，在实践中有关于世界的必然客观命题，不能是分析性的。公式F=MA（力等于质量乘以加速度）包含三个各自足够复杂到难以直观展现它们如何相互“包含”的概念。实用主义认为，公式在经验知识中有其应用价值，因此在这种程度上，它们能够参与客观性的构建。

实用主义通过避免对“思维自身”的讨论，将分析性与综合性的区分转换为“形式的”和“具体的”命题之间
的差别。形式的命题将概念联系在一起，使得在具体情境 137

中应用某一概念时，也规定其他概念的适用性。而具体的命题则是基于某些特定事物的出现而预测可识别的效果。“燃烧是快速氧化过程中的放热化学反应”是一个形式的命题。“燃烧1千克的丙烷能产生11 950千卡的热量”则是一个具体的命题。[12]

形式命题和具体命题都是经验的：它们基于经验获得，其含义完全依赖于经验，并且它们都可能因新的知识进展而被更新或取代。虽然两者都代表高度可靠的知识内容，但是具体知识支持并验证形式知识，而不是反过来。具体真理的发现促成了形式真理的构想，这些具体真理的汇聚进一步证明了在新的实验探究中应用形式真理进行更多具体发现的合理性。

在研究的方法论中，形式命题充当了前提知识的角色，它们在特定的经验探究开始之前具有“先验”的地位，但绝不是康德意义上的“先验”。它们不具有普遍的必然性，在通过经验学习之前它们并非真，而且长期来看，它们是可以被证伪的。同样，知识共同体内的语言能力唤起了一种看似免于持续经验的必然性幻象。

138 这种形式命题免于质疑的幻觉，仅仅是在短期内为了实践上的便捷而存在的。实用主义清晰认识到，在任何一次经验性探究中，某些事物被视为稳定且可靠的，而其他事物则被看作是可疑的、不稳定的变量。发生在某人一生之内的范式转变，使得我们亲眼见证了所谓的永恒真理如何被视为无用的废话并被抛弃。

小结

实用主义超越并取代了真理是关于事物的外在世界还是关于观念的内在世界的二分法。我们正在观察的内容与我们的思维方式之间的积极互动对我们所处理事物的判断负责。实用主义的“交互性”选项统一了“客观主义者”和“主观主义者”的立场。

下一章将解释，实用主义坚决避免“物自体”和“思维自身”，使其能够克服认识论难题，包括关于认知者与被认知者的关系，如古代哲学的“标准问题”和当代哲学的“盖梯尔问题”。

7

第七章　实用主义与认识论

139

实用主义对于那种形而上学式的求“真”热诚来说，是另一种更明智的方案，它避免了将知识的确定性、推理的严格模式在方法论上还原为纯粹的理性主义，或是固守于超越思维的、属于神秘实在的静态事实。实用主义既不否定实在论的立场，也不走向相对主义的极端，它提供了一个更为灵活的视角来理解真理在知识体系中的作用。

一些实用主义者倾向于只把那些在过去探究中已经得到充分证实的知识体系称作“真理”。其他人则更喜欢在进行中的探究活动中，根据方法论上的正当性来看待“真理”。还有一些人保留“真理”这一术语，用以指向未来探究中知识改进的潜在性。

区分真理的实际概念是实用主义的长期特性，实用主

140 义者认为这里提到的三种观念各有其价值。[1]视真理为赋予已获知识的荣誉标签，与将真理作为可靠方法论的规范理想是兼容的，这两者又都很好地与视真理为无限探究的理想相一致。他们抛弃了理性主义对知识的实在独立性的标准。

客观知识

查尔斯·皮尔士、威廉·詹姆斯和约翰·杜威认为他们对探究、知识与真理的理解方法，是对主流西方知识本质观点的挑战和替代。这些实用主义者明确指出，他们与那些受苏格拉底和柏拉图原则影响并传承下来的认识论立场有着明显的分歧。他们承诺要颠覆理性主义的认识论。实用主义不同意的究竟是哪些关于知识和真理的核心问题呢？

在《确定性的寻求》中，杜威分析了柏拉图、亚里士多德以及广泛的希腊思想中关于知识与实在的交织原则。他指出，“最主要的原则是：知识的真实意义与实在要完
141 全相对应。对于认知而言的真，即为存在的实。”杜威进

一步解释，这一原则基于另一个观点："只有完全固定不变的，才是实在的。"他接着说："其次，认识论的基础前提也是根据这一教条设定的。知识要确凿无误，必须与在先存在或本质存在的事物相关联。"[2]

这种知识理论实际上要求：

> ……已知的内容先于观察与探究的心理活动，并且完全不受这些活动的影响；若受到影响，内容便无法保持固定与不变。这一否定条件说明：知识中涉及的搜索、调查、反思过程，必须与已先存在的事物相关联，这一过程永恒性地设定了归因于心智和认知器官的主要特征。这些器官必须处于已知事物之外，以免与待知对象产生任何交互作用。[3]

因此，认知行为不应改变认知对象这一要求便成了知识的目标，因而这种独特的认知行为本身就成了认识论兴趣的焦点。

只有当知者能确保其认知与已知保持适当距离时，他才能充分证成其知识的主张。因此，认知关系最初出于好 142

奇而被探讨，随后因关注而被重视，最终转变为需要验证的问题本身。

简而言之，假设的认知关系本身变成了知识的一个候选项，确实，它已成为知识的一个关键标准。询问“什么是知识?”与“我们关于认知关系能知道什么?”是完全不同的问题。更进一步，知者与被知者之间的认知关系引出了三个研究话题：被知者的实在是否独立于认知关系之外、知者在认知关系中的位置，以及认知和被知者之间关系的本质。

在《确定性的寻求》中，杜威指出现代哲学如何延续了一种知识观，这种观点关注的是心智与实在之间的特殊关系。认知关系是否必须由某个关联的知者来认知，以确保其真正与“被认知者”无关？杜威对这种知识理论表示轻蔑，称之为“旁观者理论”，与天真的视觉理论相似。

哲学不应如此天真，杜威强调。按照这种认识论，所需的认知关系宛如一个观察者只能通过照亮对象来探测，同时还要设法了解本未照亮的真实对象究竟如何。杜威追溯到古希腊思想，尤其是柏拉图，批评其对第二种非物质思维方式的迷恋，这种思维方式似乎能够揭示事物的真实面貌，他认为这种迷恋起源于数学。

> 数学概念作为纯粹思想的表达，似乎开启了通向 143
> 独立于物理或心理存在的本质领域的大门——一个充满自我维持的理念和永恒对象的领域，这些对象代表了最确凿的知识。如先前所述，欧几里得几何学不仅是形式化逻辑发展的范例，也显著影响了柏拉图关于超感官及超物理的理念对象世界的学说。数学过程长久以来一直是某些人的主要依靠，这些人坚称所有反思性思维证明的有效性都依赖于无须推断即可直接知晓的理性真理。数学据信建立在本质上不证自明的首要真理或公理之上，只需理性的目光一看，其真相即刻显明。不可证明者、公理与定义在数学演绎中的作用，是区分直观与推论性理性的基础，演绎本身则被看作是证明存在一个纯粹本质逻辑上彼此相关联的领
> 域的有力证据——共相之间存在着内在的关联。[4] 144

杜威是19世纪90年代以来激烈认识论辩论的资深参与者，那时他开始形成自己的实用主义理论。他提出了一个

经验主义的方法，以在实践中理解逻辑，从而将逻辑从数学的直觉中解放出来。

威廉·詹姆斯深谙这些辩论。他与哈佛的同事乔赛亚·罗伊斯就知识与实在的论题展开了激烈的学术争辩，他们学生那一代见证了这场辩论。其中许多学生后来极大地影响了美国哲学，在接下来的五十年里特别重视心智哲学和认识论。

对詹姆斯而言，认识论的主要弊端在于其理智主义。正如杜威所指出的，詹姆斯也批判了希腊人对一个永恒而疏远的存在领域的痴迷，这一领域被视为获取知识的终极目标。他指出，希腊哲学家常常推理说，容纳认知关系的被知者其内在属性必须是固定且不变的。詹姆斯进一步追溯到柏拉图背后的人物苏格拉底，后者企图在语言定义中捕获概念的本质。他在1909年[①]的著作《多元的宇宙》中指出了这一基本问题：

糟糕的理智主义开始于苏格拉底和柏拉图所教导

① 原文作1910年，或误。

> 的内容：一个事物的真实本质是由其定义告诉我们的。自苏格拉底以来，我们被教导实在由本质构成，不是由表象构成；而且当我们知道事物的定义时，就知道了事物的本质。因此，我们首先将事物与概念等同，然后将概念与定义等同，只有在事物是定义所表达的内容的情况下，我们才确信把握了它的真实本质或其全部真理。[5] 145

至于实用主义的创始人查尔斯·皮尔士，他从未自视为认识论学家。皮尔士几乎不怎么关注“认识论”这一术语（该术语起源于19世纪50年代），对他那个时代自称为认识论学家的人更是毫不在意。

皮尔士对希腊词“认识”用法的解释与“全面理解”相关：“这是以某种方式定义事物的能力，从而使其所有特性都成为定义的必然推论。”[6]这一说法来自未发表的论著《小逻辑》（约1902）的一个章节“科学的详细分类”，皮尔士在其中强调，“认识”（episteme）绝不能被翻译为“科学”，也不能与现代的“知识”等同。

认识论是否依赖于对认知关系和本质定义作用的过分

146 强调？实用主义认为，从希腊时代开始的传统哲学是一场对“确定性的寻求”（按杜威过去的说法）。理性主义是理解知识的核心。遵循柏拉图对话中所辩护的观点，知识主张应该使用定义严格的术语，以避免任何矛盾或反例的出现。在对任何问题进行实质性声明之前，必须首先准确无误地理解自己的概念和定义。

一旦理性主义的立场被确立，就无法在确定性上让步。必须明确展示自己避免错误的决心。希腊传统对知识的哲学问题注入了这样一种担忧：只要事物的非真实性仍可能存在，就无法确认其为真。此外，希腊传统还期望知识的标准定义必须是绝对无疑的。

现代认识论继承了这些对知识的期望。无论是概念、术语、定义、描述等任何主题，知识都应当关乎真实，而非虚假。如果说知识确实是认知的表现，那么它就不应该有错误。

“无误的认知”原则：只有当确定不存在任何情况使得个体P无法真实地认知X时，P才能认知X。

实用主义必须对这一认识论主张提出质疑。由于这个
147 原则，传统认识论遭遇了两种罗伊斯式案例、四种盖梯尔

问题，以及三个标准悖论的影响，这些将在接下来的内容中进行详细说明。

认知知识

认识论要求仔细检查每一个P作为认识X的可能性的情况，以确保这种情况不会是下列任何三种情况：

假设情境（a）：设想P将D归属于X的方法，需要X必须具有F属性，有时候可能是非F属性。

假设情境（b）：设想有一种N，它属于Y类（而非X类），但可以适用P将D归属于X的方法。

假设情境（c）：设想有一种M，它是X类，但不适用P将D归属于X的方法。

情境（a）设定了这样一个规则：不能对一个对象归属矛盾的特征；情境（b）要求不应错误地将任何反例包含在归属之内；情境（c）要求不应错误地将任何反例排除在归属之外。

此外，按照“无误的认知”原则，除非P自知（即P 148
知道自己知道X），否则P无法真正知道X。因此，认识论进一步要求仔细审查P作为可能认识X的每一种情境，确保P不会偶然地获得知识。这意味着：

P必须确认，将D归属于X的方法不会导致X的属性出现矛盾；

P必须确认，这种方法不会让P错误地断言某个Y是D；

并且P必须确认，这种方法能够可靠地让P正确断言每一个真实的X都具有D属性。

因此，有三种意外情境会阻止P成为知识。

在假设情境（d）中，P不知道其方法在归属D给X时，可能会假设X同时具有F和非F的特性；因此，P无法确知一个真实的X是否具有D属性。

在假设情境（e）中，P不知道其归属D给X的方法是否确实专注于一个真实的X，而不是任何其他的Y；因此，P无法确知一个真实的X是否具有D属性。

149 在假设情境（f）中，P不知道其归属D给X的方法是否能可靠地引导P断言每一个真实的X都具有D属性；因此，P无法确知一个真实的X是否具有D属性。

假设情境（a）和（d）展示了所谓的罗伊斯式案例。

乔西亚·罗伊斯在批评实在论时指出，实在论虽然重视真实对象的独立性，但这种重视是以对象可知性的损失为代价的。[7] 类似地，约翰·杜威批评了认识论对知识关系普遍性的过分依赖。如果知者与所知之间的认知关系是唯一的，那么验证认知过程是否成功就变成不可能。[8]

罗伊斯和杜威指出，只要认知是一种外部关系，我们就无法确定这种普遍认知是否真正在发生。如果这是一个事实，即一个知者处于认知关系之中，这一事实本身也不会自动成为已知，因为它不是知识的组成部分。从任何人，包括知者自身的角度看，知识似乎完全是依赖于运气的。而如果认知是一种内部关系，那么人们可以知道自己何时知道了什么，但如何认知这个“被知者”仍然依赖于与知者的关系，并且无法确定这个“被知者”是否在认知关系之外也持续存在。

在情境（a），即第一个罗伊斯式案例中，涉及一个真 150
实存在的实体X，它被认为应当符合对D的归属，同时X本身自然具有D的属性。如果X本身具有D，那么X所具有的Fs（特征/属性）就绝不能依赖于任何非X的外部因素。这些Fs因此是X的固有或本质属性，它们仅与X内部的关系有关，而非外在的或偶然的。因此，D不仅是对X的描述——它实际上部分地定义了X。单纯在理论上定义X并不等同于描述一个真实的X，我们完全可以定义很多不存在的事物。为了真正描述X，P在D中必须包括一些外在的、非固有的Fs，这样才能具体区分并识别真实的X。这样做存在一个明显的风险：这些Fs可能会相互冲突。因此，P的D不能单独凭自身去描述X。结果是，P不能仅通过D来准确认识真实的X。

在情境（d），即第二个罗伊斯式案例中，P试图以关系的方式认识X就其自身而言为何（确实，这听起来有些问题）。P如何能确定其将D归属于X的方法是否真正认识到了X自身呢？P要知道X对他来说是对D的示例，那么包含在D中的所有Fs都必须是X与P之间的关系性特征。虽然P可以知道X是如何对其示例这些Fs的，但P无法知道X在没有与P形成外部关系时，是否本身具有这些Fs。
151 因此，P不确定自己将D归属给X的方法是否预设X自身具有Fs。最终，P不能确信一个真实的X是否具有D特征。

情境（b）（c）（e）和（f）引出了所谓的盖梯尔案例。[9] 正如盖梯尔案例之后认识论文献所广泛展示的那样，许多盖梯尔案例旨在证明即便是“得到辩护的真信念”，也未必能被称为知识。本节仅讨论源于“无误知识”论的四种基本类型的盖梯尔案例。描述这些类型时，我们采用如下定义：N和M代表可命名的个别实体，X和Y代表泛指事物，D用作描述。

情境（b）设想了具体的N和M，以及X。在这种设定中，X满足D描述，N是一个满足D的X，而M不是（不满足D），M并不满足P对X的D描述，P合理地将D描述应用于M来识别X，于是他肯定了X的D描述，并因此真实地肯定一个X是满足D描述的。P真实地肯定了一个满足D描述的X（由于N确实是满足D描述的X），但P明白自己的肯定仅仅针对M（它实际上并非X）。常识告诉我们，尽管P有理由并且正当地肯定M的D描述，从而肯定了“X是D”的真，但P并未肯定真正符合D描述的实际X（即N而非M）。这就是常识否定P具有“X是D”这一知识的原因。

情境（c）描述了特定的N和M，以及X，其中P在
一开始合理地将D描述应用于N，从而真实地肯定“X是 152
D”。后来，虽然N已不在场，但出现了一个与N一模一样

的M，P再次合理地肯定“X是D”。现在P误以为M是符合D描述的，仍旧肯定“X是D”。因此，存在这样的M，它作为X而存在，却不符合P将D归属于X的方式。这也正是常识否认P具有“X是D”这一知识的原因。

情境（e）构想了特定的N以及X和Y，其中P最初肯定N符合D的描述。实际上N是Y，但P合理地认为N是X，因此也肯定“X是D”。虽然“X是D”确实为真，但P并没有合理的方法确认这一点。虽然P肯定了“X是D”的真，但P不了解将D归属给X的方法的可靠性，因此P并不知道X是否真的满足D描述。

情境（f）描述了一个特定的N和X，P用一种当前不太可靠的方式将D归属于N，虽然这种将D归属给像N这类X的方法通常来说是可靠的。尽管P对N的D归属及其对“X是D”的肯定都恰好为真，但P当前无法知道其将D归属给X的方法是否确实可靠，从而无法肯定这个实际的X（即N）确实符合D描述；因此，P不知道一个真实的X是否为D。

在认识论的大量文献中，许多盖梯尔案例都是这四种基本类型的特定版本。[10]

知识悖论 153

如果自知（知道自己所知）适用于知识本身，那么就必须提出这样一个问题："知识的定义"本身能否被知道？由此，"知道知识"的事业便启动了。

"知道知识"原理认为：为了真正掌握知识，P必须知道一个完整的知识论述，该论述既不包含矛盾也不允许有反例。

存在三种可能的情况，人们将无法获得真知识：

1. P的知识论述中展现出矛盾的特征或属性。

2. P的知识论述适配于那些实际上并非知识的事项。

3. P确实认识到了知识，但这种认识与P的知识论述不符。

让我们将P关于知识的论述标记为标准。那么，就有三种假设的情境需要考虑：

情境一：可想象的是，根据P的标准，P试图真正理解知识本身反而引发了矛盾，因此P并未真知知识。 154

情境二：可想象的是，根据P的标准，P试图真正理解知识，最终却发现自己知道的是Y，且Y≠知识，因此P

并未真正知道知识。

情境三：可想象的是，P确实知道了知识，但这种知道不是通过P的标准实现的，所以P不知道自己知道了知识。

每种情境对于认识论来说都是一个常见的悖论。除非这三种情境能够被彻底排除，否则没有人能真正掌握知识，因此也就没有人真的对任何事物有知识。然而，探究这些情境揭示了其中的悖论，这些悖论否定了知识。

悖论一：要知道知识，一个人必须已经具有获取任何知识的正确标准。如果一个人已经能够理解如何具备知识，那么他就已经掌握了知识。因此，个人尝试知道知识本身就引入了一个矛盾，即个人同时知道又不知道知识。因为（据我们所知）没有人已经完全知道了知识，这种矛
155 盾也无法得到验证，所以没有人能够真正知道如何掌握任何事物的知识，包括知识本身。因此，包括知识本身在内的任何形式的知识都是不可能的。

悖论二：一个人P为了正确运用知识标准，他必须采用一种仅批准真知识而绝不批准虚假知识的标准。然而，要选择正确的标准，尽管P能将标准与众多真知识实例进

行比较，但由于真知识的总量可能是无限的，P无法确保每一条标准都永远不会批准虚假知识。因此，P并不真正知道知识。

悖论三：或许一个人P实际上确实掌握了知识，但P不清楚如何可能拥有这种知识。不论P依靠什么标准，P都可能无法确认该标准是否是掌握知识的唯一途径，因此P无法确定自己是否真的掌握了知识。即便P掌握了知识，P也不能可靠地确定自己是否知道其他事物。

这三个悖论各自独特地展示了经典的“标准问题”，最终均引向怀疑论。[11]

由于其怀疑论问题和无法解决的悖论，基于心智无误知识的认识论体系必将面临被称为“广义笛卡尔琐事问题”（generalized problem of the Cartid）和“广义标准悖论”的困境。

广义笛卡尔琐事问题的定义如下：一件“笛卡尔式的琐事”〔Cartesian factoid，简称“笛卡尔琐事”（Cartoid）〕，是一个关于真实事态的偶然性陈述，它无须被任何人知晓，而在设想情境中被用作一个插入的真理。利用笛卡尔琐事来证明知识的不可能性并不难：只需选定一个笛卡尔琐事，使得即便P对于X的S有正当的真实信念，P的合理信念与真实的X之间也仍存在断裂。不管在怎样设想的情境中，只要描述一个人凭借正当真实信念似乎知道X，就可以插入一个精心设计的笛卡尔琐事，使得此人无法真正知道真实的X。因此，无人能够真正知道任何实在的X。

广义的标准悖论定义如下：只有被已知真理所验证的标准才应当用来确证知识，但若无标准，则无真理可知。因此，没有任何标准能被合理使用，也就没有人能真正知道任何实在的X。

小结

在笛卡尔琐事和标准问题这一双生问题之间，传统的认识论终归因怀疑而筋疲力尽。基于它自己的原则，认识论既不能认识知识本身，也无法把知识与不变的真理及固定的实在联系起来。

157 只要知识被认为主要是关于“预设实在”的命题性陈述，它就不能简单地被视为得到辩护的真信念。认识论希望命题知识能够确保对实在的认识，但这无法跨越理性主义所揭示的思想与事物之间的逻辑和本体论的沟壑。

通过辨析实用主义如何从传统的知识观念中脱离，我们可以清楚地看到实用主义者在几个关键认识论问题上的立场，这些问题包括知识的定义、盖梯尔问题、心智-世界关系及实在论。

要避开传统认识论中依赖理性主义所固有的难题与悖论，需要提出一个关于认识者与被认识者关系的替代理论，该理论将在下一章详细展开。

8

第八章　交互的知识 159

实用主义拒绝“无误知识”这一原则，并反对认识论对于获取知识的自我设限的严格束缚。面对一个盖梯尔问题时，恰当的回应应该是：“关于P的知识，无论断言声称‘实际上不是P’还是‘实际上是P’，都是无关紧要的。”

只要还在理性主义的前提之下，单纯给“被证成的真信念”增加附加条件都是无效的，因为在任何假设的知识情境中，很容易加上“然而，P确实是这种情况”这一说法。正是这种补充，就像物自体那样，注定了获得知识的失败。恢复知识需要剔除超然的真理。仅仅声明P是真的并不能证明P，也不能提供关于P的证据，或者表明P与某一知识情境的相关性。

关于标准问题，实用主义否认获取知识的理解必须依

赖于某种绝对无误的知识。在方法论上证明知识的标准本身并不包含真值条件。知识的标准是在经验探究的过程中
160 逐渐被发明、检验和完善的，而非在所有探究之前就已经完全明了。任何非理性主义的世界观，特别是那些支持经验科学的观点，都应当采纳这些立场。

实用主义依赖于一种知识的交互（co-respondence）理论，而不是真理的符合（correspondence）概念。可知的实在事物至少必须具备以可预期的方式对学习者的探索性探究方法做出响应的能力。

实现的实在

对于实用主义来说，一个人可以持续知道某事，到其错误变得明显可能为止，即使设想这种错误仍然是可能的。一般来说，一个仅仅可能的真或假不能否定一个实际的知识项。实际知识意味着已知的真，但可能的真或假不能意味着实际的错误或辩护的失败。

盖梯尔问题的支持者会坚称："但这不是关于一个可能的真理，而是一个实际的真理！"这种坚持只是在重申一

个未经证据支持的单纯主张，重申超验的物自体。实用主义拒绝在知识情境中承认任何物自体，因此，任何单纯的断言都不能扰乱知识。奇怪的是，盖梯尔式论证的赞同者 161
想象着，一个单纯的真断言就可以适当地属于潜在知识的经验情境。

即便是经验主义者，若仍然深陷于康德式的范畴和二分法中，也可能落入这种理性主义的陷阱。为了避免这个陷阱，要在以知识为目标的探究情境中要求具体证据。如果知识不是目标，所有种类的假设都可以被接受，就像在盖梯尔伪问题中一样。如果知识是目标，那么在该情境中的额外证据是相关的，知识情境因此被改变；因此，正如实用主义所预期的，重新评估知识是有道理的。

实用主义并非在经验探究的范围内否定非矛盾律。同时知道P和不知道P是不可能的。但盖梯尔伪问题未能在其假设情境中包含对P（或非P）的知识，甚至连证据也没有。这些假设依赖于不可知的事物。理性主义坚信，如果非P，则永远不可能知道P，无论是否曾有对非P的认识。

放弃理性主义意味着在某一时间点上知道P与在另一时间点上知道非P是兼容的，就如同今天相信P但明天不相信一样，这并没有什么奇怪的；对P有更好的了解可以证伪之前关于知道非P的判断。这表达了实用主义的“可错论”原则[1]。

162 将已获得的知识与更多事件和未来结果进行对比检验的常识，必须假定这种可错论。按照理性主义，检验知识毫无意义——真正的知识必然与任何可能的检验一致。对于理性主义，推理主要是从已知向尚未知道的方向进行。对于实用主义，经验探究的阶段可能会采用演绎方法，但获取知识通常是从尚未知道到已知的过程，这个过程即为学习。因此，实用主义判断，任何真正可知的事物必须对动态过程有所响应，并在对其运用探究方法的过程中产生可预期的结果。

认知论的基础在于永恒性和理性主义的几条关键原则可以逐项与实用主义的交互性替代方案进行比较。首先从认知论开始：

1. 绝对知识仅关乎实在，而实在是**自存**的（*autontos*），即就其自身存在——因此与其他任何事物的关系都不可能本质性地改变其所是。
2. 绝对真理主要涉及实在，不是在其与其他事物的关系中，而是在其**自存性**中，所以真理不能在不失去其本质的情况下被改变。

3. 要么绝对真理与实在相同且无法区分，要么绝对真理采取与实在相同的形式。如果绝对真理与实在完 163
   全相同（真理与实在具有实质的同一性），那么绝对真理独立于对它的任何知识而存在。如果绝对真理采取与实在相同的形式，那么绝对真理仅因为实在而存在，并且仅偶然地与任何认知者有关系。
4. 由于绝对知识仅关乎实在，因此也仅关乎真理（通过实质的同一性或形式的同一性），而真理不容许有任何程度上的变化，所以知识是数字化的（1/0），且仅与自身相同（1=1）。
5. 关于一个由一组真理构成的事项的知识，只能在总体上有程度上的差异，即有可能认识到这些真理的一个较小子集，然后在该子集上增加知识。但每个真理要么被认识，要么不被认识；一个人不可能部分地认识一个真理，或比另一个人更好或更差地认识一个真理。
6. 信念和理由是可以具有程度和层次的东西，但知识不是。

164 7. 对知识项的信念强度高低与一个人是否拥有知识无关。

8. 如果一个人P通过理由J知道S，后来又获得了更好的理由K支持S，这种理由的改进并不会以任何方式改变P对S的知识。

9. 如果一个人P通过理由J知道S，而另一个人Q也知道S，但通过的是理由K，并且K是比J更好的理由，这种理由的不足不会以任何方式改变P对S的知识。

10. 对一个知识拥有更好或更差的理由与一个人是否拥有知识无关。

11. 如果某个所谓已知的东西是错误的，使它错误的不是它被相信的程度或被辩护的力度，而是它如何未能与真理相关。

12. 一个合理的知识确认可能不会成为实际知识，因为可能永远没有人发现它。因此，就任何认知者所能知道的，他们不能确信自己是知者，即使他们持有正当的真信念。

实用主义通过处理参与其知识的动态实际情况来颠覆

这些原则。

12*. 一个对知识的合理确认一定会成为为人所发现的实际知识。

11*. 如果某个所谓已知的东西是错误的，使它错误的就是它被相信的程度或被辩护的力度。 165

10*. 对一个知识拥有更好或更差的理由与一个人是否拥有知识相关。

9*. 如果一个人P通过理由J知道S，而另一个人Q也知道S，但通过的是理由K，并且K是比J更好的理由，这种理由的不足会改变P对S的知识。

8*. 如果一个人P通过理由J知道S，后来获得了更好的理由K支持S，这种理由的改进会改变P对S的知识。

7*. 对知识项的信念强度高低与一个人是否拥有知识相关。

6*. 信念和理由是可以具有程度和层次的东西，知识同样也具有程度和层次。

5*. 一个人有可能在某种程度上知道一个真理，部分地知道一个真理，以及比另一个人更好或更差地知道一个真理，因为一个真理在建立和维持实在事物之间的关系方面可能更加充分或不充分。

166 4*. 知识主要关于实在之物及其现实关系，因此表达了关于创建和维持实在相互作用事物（认知者、认知过程和被知事物）之间动态关系的真理。在认知过程中，被知事物、认知过程，以及认知者都不会保持不变。

3*. 真理追踪实在之物之间关系的形成。特定关系的性质决定了真理追踪所采取的具体形式，但真理总是与实际的认知者的关系有关。

2*. 真理主要涉及实在之物及其关系，因此真理可以在不丧失为谬误的情况下被改变。

1*. 关于实在的知识是在构成实在之物之所是的关系中被界定的。

被知的任何事物必须在一个允许其可知的辩护过程中做出响应。对于实用主义来说，这一过程是一个双向的动态过程：实在可以并且确实参与其实现。实在无须被完全认知，但任何实在之物都不可能永远对使其变得可构想、可认识的尝试无动于衷。

尽管思考一个事物不会改变它，但实现其存在确实涉及其变化，因为一个实在的事物无论如何都在与其环境**互动**，并引发能够响应探究者寻求的后果。这种动态的交互 167
关系，而非仅仅是反应或互动，定义了对实在的知识。

实在的认知

任何理性主义者都会同意，认知是一个与被知者相关的过程。然而，永恒和无染必须占上风。理性主义期望通过满足非矛盾和偶然性来保持知识的实在性。无论是否被认知，实在之物都保持其固有属性，并且本质上不受影响。

实用主义并未在这两个对知识的理性条件中找到实在的成分。结合使用时，它们会排除实在论。最基本的实在论期望，实在之物在被认知时其属性保持不变。非实在论没有这种期望，它让物体的属性发生变化，或将属性归因于认知者的认知而非物体的存在。实用主义满足于基本的实在论，因为为知识辨识的实在论被认为具有完全能被重新发现的稳定效果。与此相对，理性主义中的“实在”是

不够可靠的。如此根本的事物必须超出有效的可想象性和
168 可辨认性之外，这剥夺了其实在性的意义。与可知性截然不同的东西可能也无法被发现，从而否认了与它的实在接触。

真正的实在论无须依赖神秘本质或不稳定现象：已知的实在物在确认其存在的探究条件前后都持续存在。而理性主义则要求，事物的实在性必须独立于知识的确认成就。在理性主义看来，事物与思想必须保持分离。如果认知影响了某物，那么真正被了解的只是那个认知本身，而非事物的本来面目。相比之下，实在论认为，只有可被认知的事物才是真正的实在，它无法接受未知之物拥有更高的实在性。

实用主义确实抓住了实在论的精神：存在着有待通过巧妙的探究来揭示其本质的实在事物。为何一个值得相信的实在要让信念永远无法触及它呢？理性主义因对经验探究的不必要焦虑而受苦，它把真概念的纯洁性抽象化，而形成无法因发现而被玷污的真理。实用主义并不认为未通过探究辨识的东西就不可能是实在的。实用主义确实认为，未被设想为通过探究可识别的东西还未被视为实在。

“关于实在的知识是在构成实在之物之所是的关系中被界定的。”（1*）这一最终原则表明，实用主义从概念阶段到可验证阶段在认知上坚持实在论。概念通过构想实体 169
及其实际效果之间的联系而变得明确且实在，这些效果在实际操作中产生可辨识的差异。

回忆一下皮尔士的实用主义原理：“考虑一下，我们构想的概念对象可能具有什么可构想的实际后果的效果，那么我们对这些效果的构想，就是我们对这个对象的所有概念。”[2]这一原则确保了一个概念是可实现的，而不仅仅是想象的。想象无处不在，概念层出不穷，但实在论为可信指称设定了更高的标准。那种认为观念只与其他观念（通过同义词、定义、内涵、构成等）相联系便可能足以指向实际情况的看法，是与观念论而非实在论相关的。

知识本质上并非直观的、说教的、训导的、想象的或证明的。虽然所获得的熟知的知识可能采取这些形式。自发思想的印象、重复他人的真理、简单场景的构想、对相关想法的追随以及关于回忆事件的陈述，最多只是进一步学习和教学的潜在材料。通过这些方式确认知识是作为知识共同体成员的一种奖赏，这些知识我们基本上没有参与创造。

真理之所以附着于“事实”，是因为它们是与持续活动相关的可断言的事项，它们对引导到进一步感兴趣的事项上有着显著作用。从某种意义上说，它们是“理所当然
170 的”，但它们从不是“可随意取用的”。没有任何东西在理解或认知上是“被给予”的，也没有任何“事实样”的东西会真正呈现给感官。你我之所以不知道“猫在垫子上”或“谷仓在路旁”（认识论狂热者选取的例证），是因为我们没有在寻找那只猫或探索那个谷仓。单独思考一个思想本身并不是知道任何事情。实用主义建议，如果你要思考一个东西，那就照它一样行动。学习源于尝试，而知识是在学习过程中从持久的实验里涌现的。

实用主义认为，更复杂的问题需要在“探究共同体”（用皮尔士的话[3]来说）中进行集体的、有条理的研究。“探究共同体”是定位有关这个或那个主题的知识的最小单位。个体知识者只能通过成员身份或同伴者身份来获取知识。此外，只有探究共同体对他们的方法负责，因为方法论（包括推理的、工具的和实验的技术）是与经验探究一同发展的，这样对方法的信心就与发现的可信度相一致。

这种方法与发现相结合的系统不存在循环论证的标准问题，除非重新采纳理性主义立场。知识有增长的趋势。方法论的早期证明是基于过去的发现，但在追求新发现的过程中，这些方法将再次受到检验。数据样本长时间未受质疑，或科学家对方法过于教条，这些都是方法论弹性的 171
例证，而不是反驳共同体探究的反例。为了证明某些偏好主张而发明一整套方法论，是欺骗行为和伪科学的欺诈游戏。

知识建立在方法之上，这是达到客观性的道路。真诚与确信看似是不可质疑的真理，而一个人的“真理”很大程度上反映了自己的特征。然而，作为一个认知者，其导向是由方法论决定的，而非主观性。实用主义为个体认知者提供了两个调节性标准（而非“定义”），用以指导个体认识者。

一个人P知道一个真实的X，当

（a）P通过系统化的方法证成了对特定X的描述D，

（b）P通过那个系统化的过程而对那个X形成断言D。

对个体来说，知识是经过合理论证的主张。声称知识“必须是真的”不仅多余，还可能产生误导；知识的真实性在其方法论的确认中得以显现。

特定方法的恰当应用规范由探究共同体确定。因为探
172 究共同体对他们的方法论负责，他们的集体认可成为支持任何特定知识主张的根本依据。一般来说，知识就是得到证成的断言。

实用主义预见到知识的许多领域将表现出矛盾与不一致，然而这并不构成反驳，因为理性主义的约束并不适用。鼓励探究共同体去寻求对知识进行调和、统一与整合的方法是完全合理的。实用主义在社会认识论和科学哲学领域提倡多元主义和语境主义。

为了真的未来

实用主义因其对真理含义的争议性解释在与理性主义的较量中声名狼藉。理性主义将真理与实在直接并静态地对齐，这使得知识增长变成了难以解决的难题。要哲学地阐释知识，真理必须被理解为主要是前瞻性的，而非仅是

审视性或回顾性的。

回顾过去，从今天的视角看，已确立的知识体系属于历史，但它们源自当时的新探索。环顾现在，有许多知识渊博的共同体提供了真理，但相互之间的调整与调和仍需进一步的探究。更多更好的真理期待通过实践的检验来实 173
现。实用主义通过认识过程——一种系统的探究方法——来调和实在与真理的概念。

皮尔士在《如何使我们的观念清晰》一文中，以直言不讳的陈述展现了真理与实在之间的这种中介作用：

> 我们所谓的真理，就是最终会被所有探究者认同的意见，而这个意见所表征的对象便是实在的事物。这是我对实在的解释方式。然而，有人可能会指出，这种看法与我们对实在的抽象定义完全相反，因为它认为实在的特性取决于人们最终的思考。但应对这一指责的回答是，一方面，实在是独立的，尽管不必然独立于一般的思考，但是不受你我或任何有限数目的探究者的思考影响；另一方面，尽管最终的观点所指向的对象依赖于该观点本身，该观点本身却不受你我

我们所谓的真理，就是最终会被所有探究者认同的意见。

——查尔斯·皮尔士

> 或任何人的思考影响。[4]

在此，皮尔士只是表达了一种真理观，这种真理的观念通过了他对清晰概念的测试，而非真理的其他含糊不清的内涵。这属于哲学范畴，而非词典学。

皮尔士将真理定义为那些能够通过无休止探究测试的 175
知识，这种真理观对实践探究具有重要影响。它的影响如此深远，以至围绕这种严格真理的共同承诺只有真正探究共同体才能做到，如研究性学科和科学领域。

皮尔士对实在的定义同样被限定在特定领域内，在康德的“物自体”被排除后，实在便显露出其本来面貌，它邀请我们参与其活动。实用主义的世界知识理论，由在该世界内工作的探究者创造，它承诺在实践成就中，[**实在**、**真理**、**认知**]的三元关系将影响这三个方面的每一个。

让理性主义的问题将[**实在**、**真理**、**认知**]分开处理，这为实用主义带来了似是而非的悖论。一方面，在探究之初预测其可能的发现之前，事物就已现实地被设想；另一方面，实在被投射在尚难以想象的最深入探究所达到的顶点处。实用主义何时认为某物是实在——在了解它之前还是之后？皮尔士认为认知过程永无止境，且无须结束[5]。至于真理，它是否早已存在、等待被发现，或者真理只有在探究彻底完成时才显现？

176 这样的追问对实用主义来说是不真实的。它们试图在认识之外，将真理和实在形而上学地构想为一种超时间的固定事物。相反，实用主义认为知识（包括真正的认识和已知的实在）是可错的和临时的。关于真理的可错论是更健全的实在论，而观念论则被摒弃。皮尔士并不声称真理仅限于实际的探究者在他们消亡或灭绝之前所能发现的东西。没有一个实用主义者声称，实在只有在心智与之相遇时才能存在。将实用主义对真理的看法同观念论相提并论是一个错误，特别是因为它主张任何实际的事物都必须以实在论的方式被构想。

尽管如此，发现确实需要探究。“真”是一般探究的规范性理想，期望着到目前为止所发现的“实在”能够禁得起未来任何可能的调查。实用主义者的“真理”概念对经验方法论及其应用的探究共同体产生影响，防止思想停滞在任意教条中。当下的知识是关于到目前为止可信实在的假设实体，因此断言它们的现实性就是断言我们所知的真理。但是，它们的可信度是“赊账”借来的，在尚未进行的未来改进的探究中，这种可信度可能会被撤销。

承认今天的真理可能会被更优越、更丰富的真理所替代，这在理性主义的格言“明日之真理意味着今日无真理”下似乎是矛盾的。可错论不是相对主义或非实在 177
论——它是相当合理的实在论。尽管任何理论在未来都可能需要修正或被取代，但这显示了知识的生长，而不是它的死亡。不可能有“悲观归纳”建议对今日的理论持怀疑和非实在论的态度。对仍然可证实的事物持怀疑态度是不合理的，而对尚未得到证实的事物过早持怀疑态度则是非理性的。

实用主义对知识的乐观态度并不是基于观念论原则，“实在”即被认识。相反，这种乐观基于对许多实在之物可知性的确认，以及对无数现实性的理智发现。

真理跟踪实在事物之间关系的构建。方法论的证成是构建认识者与所知之间的交互性对应关系的过程。这些对应关系产出了对实际情况的知识，但具体命题始终保留经验可检验性和可错性的弹性。已知信念以“提议”的形式存在，它预期未来而非作为享有最终真理的静态“命题”。

杜威批判了理性主义对命题的看法，正是出于这种考虑：

> 实际上，实在论和观念论的共同基本假设是，一
> 个陈述就其本质而言意味着对其自身真理的断言。
> 178 不，实用主义者回答说，一个陈述，一个命题，在其
> 真正具有智性品质的意义上，意味着对其自身真理的
> 怀疑以及对真理的寻求、对真理的探究。一个断言或
> 假定其自身真的命题，要么是纯粹的偏见、一种固化
> 的教条主义；或者它根本不是一个理智或逻辑性的命
> 题，而仅仅是一个语言备忘录……［一个命题］是关
> 于某些事态的假设；它本质上是可疑的，而不是确定
> 的真理；它对自身真理的断言是有条件的：它是启动
> 探究活动的手段，这些活动将检验其主张的价值。因
> 此，真理只能存在于对断言的检验中，通过它所规定
> 的后续行为来证明其真实性。[6]

这是一种后果主义的真理理论。它满足了观念论对思想在知识中起作用的期望，同时也满足了实在论对知识所能达到的客观性的要求。现在是科学被树立为客观知识的

典范，而不是数学。只有理性主义的严格限制才使得哲学将观念论和实在论拆分成对立的世界观，甚至无法看到同一个世界。

杜威继续说道： 179

> 实用主义理论因此声称忠实地代表了科学的精神，也就是科学的方法，它（1）将所有陈述视为临时的或假设性的，直到它们经过实验检验；（2）努力用能够自己指示所需检验程序的术语来表述其陈述；（3）并且永远不忘记，即使是它确定的命题也不过是先前探究和检验的总结，因此，它们也可能会因进一步的探究而需要修正……随着这种变化，命题获得了未来展望和指称，而传统观念则使它们指向先决条件。对实在论者和观念论者来说，真理（或谬误）是知识断言中已经准备好的属性。用命题做什么，使用它产生了什么，它在进一步经验中产生的差别——这些都是无关的。而实用主义者说，由于每一个命题都是一个指向尚未进行的探究的假设（简而言之，是一个提议），它的真理是它的历程、它的历史：它在实

> 现或挫败其自身提议的过程中变得或被证明是真（或假）的。[7]

180 小结

对于实用主义来说，真理的后果远比理性主义所能承认的要重要得多。“**真理**”是一个标签，而不是一个指称。它是任何思想产物所能追求达到的最重要的标签。

真理是形容词性的：通过评估后果对生活产生影响，判断的真实性可能更多或更少。真理是副词性的：通过实践试验，由动态心智成功检验的判断确实值得肯定。真正值得肯定的判断对于指导无数进一步的活动是可靠的，这些活动使我们的生活更加活跃和丰富。

9

第九章　生态学的心智 181

在实用主义出现之前，哲学一直在寻找替代笛卡尔主义及其在经验与理性之间、身体与心智之间不可调和的二元论的途径。通过依赖永恒存在的信条，远离笛卡尔的道路变得更容易、更直接。保持特权心智的责任仍然至关重要，这不仅保持了人类远高于所有动物的地位，也将哲学提升到所有知识领域特别是科学领域之上的地位。现代和后现代哲学退守到心智领域，将其作为学科知识的最后避难所，一种关于知识的知识，其他任何领域都无法复制或替代的知识。

在排除了自然历史、生物学、人类学、心理学以及任何行为科学和社会科学之后，学院派哲学在心智周围筑起了高墙，以永远阻止入侵和整合。替代笛卡尔的理论大多 182

重新发明了理性主义。

永恒哲学及大多数无常哲学在其孤立的选择中争夺主导地位，竞争对心智本质的解释。先前的章节已经将心智融入实用主义的知识和真理理论中了。对实用主义的最后抵抗正是后笛卡尔哲学所带领的方向——即心智本身。实用主义认为，心智具有选择性、目的性、生态性和社会性；除此之外，对于“心智”，再没有更多需要关注的了。

心智与物质的相互性

后笛卡尔哲学提出了对心智的新观念，但没有放弃像“心智持有感知无法获取的确定性”“心智独立于物理事物”“心智在与外部联系的同时保持个体化”“心智不受因果力的影响做出选择”等看法。最根本的是，心智的本质是追求知识、认识真理。否认心智这一目的的哲学家，完全没有可以理解的知识性的心智，其自我否定的后果比任何谬误都更为严重。知识，以及哲学本身，正处于危机之中。世界提供了足够的实在；心智必须完成其余的部分，才能获得知识。

笛卡尔的遗产赋予心智双重职责：它既要关注独立于 183
心智之外的实在，又要独立地审视这些实在。这种孤立的
独立性并不利于合作。实用主义认同心智除了了解自身外
还有更重要的工作要做，并指出这种富有成效的工作正是
使心智能够被认知的方式。笛卡尔持有的观点是，心智对
自身总是最具有知识，甚至超过对外部世界的知识。而实
用主义则发现，心智是通过学习其所嵌入的世界，逐渐对
自身有了更深的认识。

集中和有序的活动模式区分了心智性与其他现实性。为了准确识别这些模式及其对客观性的导向，我们必须直接面对独立性的问题。笛卡尔主义的遗产使得“独立性”的四种不同含义发生了混淆：(a) 不依赖于心智的意识（物质因）；(b) 不依赖于心智的概念（形式因）；(c) 不依赖于心智的知识（效力因）；(d) 不依赖于心智的管理（终极因）。

这些原则虽然可以被反驳，但直接对立从不是实用主
义的方案。没有任何否定能充分调和笛卡尔的二元论。简
单地融合相反观点可能会将心智扩展到宇宙级别，或是将
其限制在唯我论的囚笼中。而实用主义通过颠倒 (a) 到 184

（d）的顺序，把目的性关系作为重新联合心智和世界的基础。组织化的**心智**通过需要有意识注意的概念推断，有效地构建了一个可知的世界。

二元性应由相互性取代。相互依赖不是征服，而是对**心智**和物理的确认。无能力的**心智**是空虚的，无效力的物理是空洞的。因此，再也没有理由将心智与实在分开。它们的本体论共性在于涵盖所有实际的活动过程。将实用主义依传统形而上学术语归类为观念论或实在论是错误的。实用主义明确拒绝这些术语。经验世界的物质为了稳定性的活动而存在；**心智**功能为了可靠性的活动而持续。**心智**在实在中运作，动态互动贯穿一切。

心智与物质均不应被归约为对方。**心智**发现世界充满无尽的可发现的事物，实在则从其无限能量中生成**心智**。这种“生成”过程，就像晶体从溶液中生长、植物从土壤中生长一样，过程和产物之间并无本体论上的神秘鸿沟。是生物学而非逻辑，提供了理解有机**心智**如何展现其探索
185 和改造环境能力的关键术语。[1]心智并不仅仅是复制外部现象的内部模型；重塑外部事物，*即是*心智的思考过程。推理、合理性和逻辑性都是**心智**在追求对多种条件和结果的

精确与可靠控制中发展而来的。

理性主义坚持认为，存在于事物之外与之前的东西具有独立且更为实体性的实在，而任何成长和学习的事物都被视为次要及依附性的存在。实用主义没有在任何方面给本体论以优先权。唯一基础的东西可以说就是通过变化相互作用。因此，“心智”没有永恒的属性或其自身的实体性存在。所谓“心智”的操作和功能更适合归属于此处称为“**心智**”的实在特征。不存在为了**心智**的心智——**只有心智**，它存在于实在允许其展现特性的任何地方。

拒绝在动态实在的模式化过程中去观察实在的心智，就是预设了形而上学家本需证明的二元论。实用主义在此无须证明什么，只需展示如何规避这种预设的谬误，这是一种即便在科学界也仍普遍存在的错误的出发点。杜威指出：

> 二元的观点现在甚至在那些已经抛弃其早期形式的人中也仍然存在。这种观点体现在结构与功能、大 186
> 脑与身体其余部分、中枢神经系统与自主神经系统及内脏之间的区分；最根本的是，有机体与环境之间的

> 区分。对于这些二元对子中的“第一项”——结构、大脑、有机体——还保留着某种孤立性和所谓的独立性，这种孤立性和独立性曾经属于“灵魂与心智”，后来属于“意识”。[2]

实用主义所支持的世界观并不是心智与物质的“双面”理论。物理性和心智性不是某些神秘终极项的两个方面，而是同一实在活动的模式。在心智和物质背后没有什么“东西”。两者完全由过程性的活动所组成。

实用主义也不支持泛心论。一个功能性的、视角主义的心智观不需要给所有物理都赋予一定程度的心智性。任何实在的事物，无论是偏物理性还是心智性，都发生在本体论上中性的过程中，具有情境持续或“事件”的形式。在实在中，时间-空间-能量是融合且不可分割的。[3]从嵌入这个动态宇宙的有机体的立场来看，物理和心智可以根
187 据它们不同的功能性来区分和描述。心智通常具有已经进化到特别有利于自我组织和系统性成长的活动模式。

心智与物理的这种宇宙学上的相互依存解决了自德谟克利特和柏拉图以来在西方挥之不去的形而上学难题。随

着欧洲现代性的兴起，意识代表非自然灵魂的观念得到了植入，这延迟了该问题的解决。最终，物质的概念不得不被推翻。

与巴鲁赫·斯宾诺莎、约翰·戈特弗里德·冯·赫尔德和弗里德里希·威廉·约瑟夫·谢林的传统一道，皮尔士并没有用严格的关系将心智和物质联系起来。相反，他将它们在模式化的过程中融合在一起。

> ……一切心智都直接或间接地与一切物质相连，并以或多或少规律的方式活动；因此，所有的心智或多或少都具有物质的性质。因此，将物质的心理和物理方面视为两个绝对不同的面相将是一个错误。从外部观察事物，就它与其他事物的作用和反作用关系而言，它表现为物质。从内部观察事物，就其作为感觉的直接特性而言，它表现为意识。这两种观点可以
> 结合起来，当我们记住机械法则不过是习得的习惯， 188
> 就像心智的所有规律性一样，包括采取习惯的倾向本身……[4]

心智的“主观性”不再能渗透到它自身的实体性存在中。杜威对这一过程的实用主义解释将心智置于物理学之中，就像生物学一样：

> 因此，物质的、心理–物理的和心智之间的区别不过是自然事件之间互动活动在复杂性和亲密性上逐渐增加的不同层次。有一种学说，认为物质、生命和心智代表着存在的不同种类，正如许多哲学错误一样，它源于对最终功能的实体化……“物质”或物理性是在某个互动层次上发生的事件的特征。它本身并不是一个事件或存在；认为“心智”表示本质，而“物质”表示实存的观念是迷信。心智不仅仅是一个单纯的本质，因为它是互动事件特定领域的一种属性。[5]

心智的特征或特性，如多元宇宙所预期的那样，与经验世界的物质有所区别，但它们并不具有独立的形而上学地位。不存在仅属于心智或意识的独立本体论。

意识关系 189

威廉·詹姆斯同意这种世界观，并将功能的关系性赋予心智。反对观念论者认为心智用观念关系在感知中进行组织，以产生一个非物质的“意识领域”，他指出感知事物之间的关系同样以现象形式存在。与观念论一致的经验主义者认为意识只由观念的副本而非物质对象组成，但他们从未能为此幽灵般的光辉提供任何证据。指向月亮的一根手指并不是一个指向某人意识或心智内部的手势，月亮的光辉是你与月亮所处情境的有意义的属性，而不是缺乏功能性的内在品质。

那个有害的“图式-内容”二分法是一个长期存在的问题。观念论者和经验主义者各自从普通经验中抽象出一个因素，以便否认其在世界中的存在。观念论者抽象出与经验的相关性，然后将所有关系性归功于先验的心智。经验主义者抽象出经验的质性，然后将所有性质归功于未受心智影响的感知。

两个阵营都坚持一个不真实的“思维自身”，然后否认外部世界是直接被经验的，将其留作一个神秘的“物自

190 体”。对于实用主义来说，那个被称为“概念”的东西是一种语法上的构造，并没有真正承载任何固定的、自足的意义。那个被称为“感受质”的东西是一种内省的构造，并没有真正呈现任何静态的非意向性强度。[6]当我们关注我们周围的事物时，我们所体验到的世界从性质上是可以想象的，而不是我们内心的幻觉。

通过诚实地检视普通的活生生的经验来消除那个“思维自身”的各种版本（詹姆斯称之为彻底的经验主义[7]），“意识”消失了，人们直接面对着经验世界，它一直就在那里。无论意识会是什么，它都存在于这个世界中流动的注意力之内，而不是幽灵般地悬浮在其上方或玩味世界的意象副本。意识从不值得拥有自己的本体论地位。

在詹姆斯1904年的文章《意识是否存在?》中，詹姆斯无法从经验上弄清这种所谓的“意识物质”可能是什么，于是，他得出结论：

> 我相信，“意识”一旦蒸发到这种纯粹的透明状态时，它就快要完全消失了。它是一个无实体的名字，在第一原理中没有它的位置。那些仍然坚持它的

人只是抓住了一个回声，是消失的“灵魂”在哲学空气中留下的微弱谣言……当下的瞬间场始终是我所谓 191
的“纯粹”经验。目前，它只是潜在的或可能的对象或主体。暂时来说，它是简单的、未定性的现实性或存在，一个简单的“那个”……意识意味着一种外部关系，并不指一种特殊的物质或存在方式。[8]

专注的觉知，即实用主义者所认为的意识，是持续被经验的实在中特别被关注的部分。意识不应等同于整个现象界。客观世界和主观心智都从这个被经验的实在领域中涌现出来。

虽然与最小实在论一致，但这种世界观并不是形而上学实在论，因为实在在任何地方都不会与心智完全不同。[9]这种世界观也不能是形而上学观念论，因为心智只在有限的程度上参与实在的其他部分。连接和互动的关系性将一切绑定在一起。观念论者正确地认为所有的关联和意向活动都是心智的活动，但他们错误地认为“心智”必须是超越这种关联活动本身的某种东西。没有任何东西作为“自体思想者”存在于经验的背后或之外，如超现象主体、统一的“我”或超验自我，以永恒地将现象界统一在一起。

192 杜威完全赞同詹姆斯对作为心智实体的意识的否定。他这样说：“心智主要是一个动词。它表示我们有意识地、明确地处理自己所处情境的所有方式。不幸的是，一种有影响力的思维方式将行动模式变成了执行这些活动的背后实体。它将心智视为一个独立的实体，进行着关注、目的、关心和记忆性的活动。”[10]

在这个由无数变化事件构成的动态过程性的实在中，关于心智的形而上独立性或自足性没有什么可辨认的特征。只有在功能稳定性和不稳定性之间的变化才能区分它们的持久或短暂影响。经验最初是通过不断变化的情境组合而呈现出来的。塑造时空世界不需要任何额外的东西。在这个统一的世界中，人类的心智通过调整习惯行为的能力来改变所遭遇的世界。

杜威继续说：

> 首要的考虑是，生命在环境中延续；不仅仅是在环境中，而且是因为环境，通过与环境的互动。没有
> 193 生物只是在自己的皮肤下生存；其皮下器官是连接身

体框架之外事物的手段，为了生存，它必须通过适应和防御来调整自己，也通过征服来适应。…… 一个生物的生涯和命运与其与环境的互动紧密相连。[11]

心智总是与世界相互关联并存在于世界之中。需要细心管理和维持心智的不稳定实在恰恰是持续实在的一个动态方面。[12] 人类的心态发展出习惯的稳定性来管理我们的行为。永恒性并不是必需的。心智看似静态的特征悬浮在反思的抽象中，仅具有形式化的地位，没有具体的意义。理想化的概念、简单的本质或任何形而上幻想中的事物，都是需要从哲学中驱除的“思想自身”的示例。意义不是被困在意识中供人思考的。意义存在于发生有价值活动的世界中。

心智涉及嵌入到过程性实在中的目的关系。在无数种目的关系中，复杂的形式适于被作为可感知的生物的符号。根据皮尔士的说法，所有思维都由符号的连锁意义构成。意识不可能超越这一点。

……心智的实在性是什么呢？我们已经看到，意识的内容、心智的全部现象显现，都是由推理产生的 195

需要细心管理和维持心智的不稳定实在恰恰是持续实在的一个动态方面。

符号。因此，根据我们的原则，绝对不可认知的东西是不存在的，所以物质的现象显现就是物质本身，我们必须得出结论，心智是一个根据推理法则发展的符号。……有时意识被用来表示“我思”或思维中的统一性；但这种统一性不过是连贯性，或者是对其的承认。连贯性属于每一个符号，只要它是一个符号；因此对于每一个符号而言，因为它首先意指它是一个符号，那么它也意指它自身的连贯性。[13]

虽然符号的本质是参与关于某个对象的表征，但皮尔士的心智理论远非传统的表征主义。一个仅仅提供性质或同构相似性的符号所传递的可操作信息很少。最高级的符号，象征符，无须模仿或类似于某个对象。它的功能不是再现熟悉感，而是促进对在与对象互动后所发生情况的预期。对于实用主义的心智来说，互操作性是重要的；概念被保留下来以连接知觉与习惯。正如皮尔士所写：“每个概念的元素在知觉之门进入逻辑思维，并在目的行动之门退 196
出；任何不能在这两道门口出示通行证的，都应被理性因为未经授权而逮捕。”[14]

一个有意义的对象概念必然会涉及那个实在的对象，因为只有这种接触才能赋予概念意义。无论是意向性还是指称都无须成为谜团，因为意义必然与偏好联系在一起。如果与对象的互动中没有意向的选择，那么就根本没有指称。

具身的心智

笛卡尔主义仍然在太多的心理学和心智哲学中占据重要地位，要求狭隘的理性定位、优先考虑自我意识的能力，以及追求对外部世界的真实表征。然而，所有生物学证据都描绘出一个截然不同的心态和智力图景。大脑确实具有许多专用的模块化结构，但大规模并行和网络化处理占主导地位。大脑不是等级制的，而是更民主和相互依赖的。大脑中的神经中心错综复杂地互相连接。大脑的几乎任何部分都与其他部分有着某种直接或间接的系统性联系。

197 没有一个内在的笛卡尔剧场可以汇集并同时体验所有信息。经验最多只能显示粗略的连续性。没有指挥中心向大脑的其他部分发布命令。深思熟虑最多只能指导习惯性动作。普通认知并不主要追求静态表征，而是追求在具体情境中的动态适应性。

笛卡尔关于心智和身体完全不同的主张显然是错误的。心智与神经系统在功能上的巨大相似性表明了它们具身化的相互依赖和共同功能性。[15]

思维活动和神经活动都有时间持续性。它们都存在于局部的生物体中，而不是弥散在整个自然界。它们都由关系上的连续性组成，而不是原子式的积累。它们都是动态的，而不是静态的。它们都显示出成长和衰退的现象。它们都在处理与环境的实际往来中起作用。并且，它们的主要目标都是维持生物体的健康。即使是意识中最“主观”的部分，比如感觉流动和自我意识中的质性流动，也是思维动态功能流动的特征。

实用主义并不寻求将感受的性质“还原”到神经活动或其他任何事物，以证明它们是自然的。要求所有属性一 198
致的形而上学公式是不科学和不必要的。功能上一致就足够了。当两个现象完全相关并显示相同功能时，它们应被视为从不同角度看到的同一自然过程。当神经系统达到一定复杂程度时，质性感觉才会发生。认知提供的生活体验反映了其神经基础。

理性主义哲学指出经验或思维中缺乏动态功能或与行动整合的特征。然而，这种所谓的“纯粹”或“惰性”特征（感官材料、强烈质性，诸如此类），只有通过从一般的活跃经验的流动中进行反思性抽象才能被“检测”到。要通过认知创造的东西不能被归因于“原初”经验。

大脑迅速融合来自各个源头的多种刺激流，以指导当下的有效行动。所有认知过程（因此所有意识体验也是）都融合了关于外部感官、运动控制过程和身体内部反馈的信息。没有纯粹的感觉、纯粹的意志或纯粹的情感。感觉、情感和理性之间没有二分。在指导行为时，这些认知的各个方面和各个阶段共同起作用。

199 感觉主义和联想主义是不充分的经验理论，因为有机回路创造了新的有意义的整体，而不仅仅是其部分的总和或序列。知觉、行动和结果的回路形成了一个不断扩大的融合：（1）知觉的意义包括之前为获得该知觉而做的行动，比如将目光转向某个物体；（2）行动的意义包括一种欲望（触摸那个物体）和更多的知觉（引导伸手动作）；（3）触摸结果的意义包括引导触摸的行动。

举个例子，假设一个孩子第一次触摸迷人的火焰。那她因触摸热物体所感受到的疼痛不仅仅是疼痛，而是**触摸那个物体**的疼痛。下一次孩子看到火焰时，她看到的是热火焰，如果她再次伸手去触摸那火焰，迷恋就会被谨慎所取代，因为她知道**触摸会带来疼痛**。从那时起，对于那个孩子来说，触摸火焰的观念包含了遇到疼痛的观念，伸手的习惯也因此被改变。[16]

总体来说，对事物的感知意义大多由处理这些事物时潜在反应的习惯性预期构成。有机回路创造了整体性的有机经验。经验中充满了行动的预期价值。这就是为什么我们能直接体验到周围世界中的意义和价值。

如果意义或价值只是内在的心理事件或状态，那么我 200
们对外部对象的体验就会是立体的，是一种双重感知。我们会把外部对象看作无意义的物质，同时又把它看作有用的对象，就像一只“眼睛”看到的是世界的本来面目，而另一只“眼睛”看到的是有意义和有价值的对象。我们的生活经验曾经像这样吗？几乎没有。我们会立即且直接地观察到重要、有意义和有价值的对象，没有任何双重“视觉”或外部世界与内部世界之间的对比。

意义和价值体现在我们知道如何去接近、参与和使用的事物中。实用主义几乎不会将这两者区别对待，因为意义是通向目标的有价值引导，而价值是行为带来的结果。意义和价值是通过学习获得的实践知识的实例。知识是在我们通过实验性尝试来有效管理我们对环境的有意改造中建立起来的。

静态表征主义、知识符合论和笛卡尔唯物主义都不是心智和智能的可行理论。心智不是相互孤立或超然的；心智互动的原因是它们总是相互关联。只要同步化的大脑通
201 过交流和沟通来协调行动，心智就是完全网络化的。因此，大部分智能的有效性源于在共同体中学习和保存集体的技能和实践。

我们这种心智依赖于进化的大脑和发展的智能。认知功能涉及大脑功能，不论是单个大脑还是多个大脑，在知觉行为过程中都起作用。然而，认为心智只局限于大脑或大脑的某个区域是错误的。神经元通过突触以及个体之间的空间进行系统性沟通。许多认知功能，特别是所有高级认知功能，只有通过大脑在共同环境中的相互交流才能运作。意义嵌入了动态的关系和连接中，而不是最终的终点。正如希拉里·普特南所强调的，“意义不在大脑中”。[17]

人类的心智是可以微分的，因为它们的意义体验流各自有独立的有机实现和特定的关注点。然而，正如杜威解释的那样，这一观察并没有任何形而上学的二元论。

> 经验的发生依赖于物理和社会的客观自然事件，就像房子的存在依赖于这些事件一样。它有自己的客观和明确的特征；这些特征可以在不提及自我的情况下被描述，就像描述房子的砖结构和八个房间，不涉及房主是谁。然而，正如在某些情况下，个人对房地 202
> 产的所有权是重要的一样，对于“经验”也是如此。说“我体验”或“我思考”并不准确或相关。更恰当的说法是“它”体验或被体验，“它”思考或被思考。经验是一系列具有自身特征和关系的事件过程，出现、发生，就是它本来的样子。那些被称为自我的事件是在这些事件之中，而不是在它们之外或背后。[18]

经验是生命形式的有机特征之一，自我从丰富的经验中产生。按照杜威的说法，这与指出淋了雨的玉米秆会长高并结出玉米穗几乎没有区别。我们能得出结论说玉米秆不可能来自同样的土地，或者玉米中隐藏着与它们生长的土壤完全不同的本质吗？

小结

有机体通过有效协调其改造自然和社会环境的努力来
203 示例认知。实用主义一向拒绝将脑细胞视为认知意义唯一的展现场所。神经元参与认知，但并不完全构成认知。神经科学研究大脑活动的相互关联过程，包括多个大脑同时进行的同步心理活动。然而，仅根据大脑活动而将其环境背景孤立开，认知神经科学是难以解释学习和认知的过程的。

生物学在研究生命时不能完全忽视环境。神经网络和任何生物系统一样，也不能以不同的方式进行研究。同样，这些系统所参与的功能（例如认知）更是如此。

因此，认知不应仅仅局限于头脑中；认知应从在所栖息地的生活、实践活动和生存来理解。必须根据感知和记忆在与环境实时互动的压力下对适应情境行为的贡献来考虑。将心智根植于生物学是对生命的认真对待。心智的功能是指导行动。

10

第十章　社会、自我和心智 205

自我与社会都是从古人类祖先到智人的共同体关系中逐渐演化而来的。在我们这个物种中，共同体的既定社会性促进了每一代人的快速社会化和文明化。自我是培养和训练出来的，而不是与生俱来的。

个体性与心智一样，是一种发展出来的社会能力，而非生物学或形而上学的范畴。没有人生来就是一个会思考的存在或人格自我。人类是彻底符号化的物种，但我们的符号从未被困于虚幻的心智中。符号化正是在心智运作之处，即在人们的协调与合作中。沟通是所有这些交流的重要特征。

只有在共同体中，人才能学会如何成为一个个体。成 206
群结队或群集行为是不够的。高度群居的物种——如黑猩猩、大猩猩、海豚和大象——会将同类视为独特的个体。[1]将自己视为个体的能力，即自我意识，伴随着把他人也视为个体的高度智慧。

社会认知

心智存在于世界的何处？现代哲学的一个问题是“他心问题”，这是在将心智视为“内部”世界之后，要认知“外部”世界这一普遍问题的一个特例。观念论者、现象学家、实在论者和经验主义者都面临这一问题。在伯特兰·罗素的版本中，他说：“似乎没有理由相信我们曾经知道过他人的心智，因为这些心智不是被直接感知到的。”[2]

如果心智有独立且分离的存在——就像西方基督教中的灵魂一样——那么心智之间就没有直接的联系，思想也无法同时被分享。对于这种二元论，他心比外部事物更加难以接触。这是因为经验提供了关于物体的观念，但无论
207 多少经验都无法触及另一个心智。受笛卡尔传统影响的哲学家和心理学家首先假设所有心智都是严格个体化的实体。

笛卡尔主义认为人的自我是每个人知道得最清楚的，因此关于其他心智的任何知识都依赖于一个人对自身作为心智存在的概念。在20世纪，唯物主义加强了这一假设。哲学家丹尼尔·丹尼特称之为“笛卡尔唯物主义”学派，继续坚持认为大脑提供了我们最清楚知道的东西，即我们自身心智的内在真实体验。[3]

现代笛卡尔主义的方法论个体主义为解释心智如何实现相互理解和协调设置了不可逾越的障碍。我们每个人都必须在理论上投射出另一个与我们自身已有的相同类型的心智。这相当于一种极端个人主义的假设，即对自身心智的自我认知在逻辑上和发展上都优先于对其他心智的认知。笛卡尔个人主义鼓励研究人员通过实验将被试孤立，以辨别他们作为独立思考者和行为者的能力。

将内在心智从科学考量中排除并未绕开这种笛卡尔主义。例如，B. F. 斯金纳的方法论个体主义认为所有社会实体和事件都可以完全通过个体行为的集合来解释。这种行 208
为主义从未将对他人心智的认知视为一种严肃的可能性，而是将对他人的知识视为对他们可观察行为的预期。[4]

方法论个体主义的替代方案是社会心智：关注他人是

发展和展示自己心智的唯一途径。关于群体活动的社会认知必须是心智成长的关键。这一事实在20世纪的大部分时间里并未被哲学和心理学所重视，尽管让·皮亚杰和列夫·维果茨基在这一方向上走得很远。[5]

杜威和米德走得最远，他们提出了基于经验的儿童学习的社会认知理论。因此，人类能够通过其强烈的社会性来将彼此视为自我。无论是自我还是社会都没有任何先验的逻辑或本体论地位。二者的关系并不是一个由另一个生成或从另一个产生的。米德解释道：

> 作为能将自身视为对象的自我，本质上是一种社会结构，并且在社会经验中产生。在自我产生之后，它在某种意义上为自己提供社会经验，因此我们可以设想一个绝对孤立的自我。但不可能设想在社会经验之外产生的一个自我。[6]

210 因此，米德和杜威主张，个体心理学不能成为研究人类心智的主要方式。个体心理学不过是可用于社会理论研究的生理和神经研究，或者是研究过于不可预测、无法解作为能将自身视为对象的自我，本质上是一种社会结构，并且在社会经验中产生。

——乔治·赫伯特·米德

释的社会现象的异常行为的学科。

社会学必须从笛卡尔主义中解放出来。将所有心智个体化是现代政治和经济理论根本上的谬误。人不是仅仅从自身利益出发行事的原子化个体。人类心理学是社会性的。杜威指出：

> 从行为心理学的角度来看，所有心理学要么是生物心理学，要么是社会心理学。如果人不仅是动物而且是社会动物这一点依然成立，那么在我们处理人类问题时，这两者就无法被分割。[7]

遗憾的是，杜威和米德的社会行为主义大多被后来的学术心理学忽视了，其原则不得不在过去三十年中通过实验重新发现。

关于两种个体主义，即还原行为主义和二元笛卡尔主义之间的争论，继续困扰着心理学和哲学。个体主义认为
211 “自我对抗世界”的情境是首要的，这一点也对行为主义的反对者至关重要。如果自我在出生后的经历不足以解释成熟的社会技能，那么必须有与生俱来的认知结构一直在

发挥真正的作用。

诺姆·乔姆斯基就此提出，婴儿出生时具有类似于成人心智理论的东西，包括社会认知的基本结构，尤其是用于语义解释的普遍语法，以便快速习得语言。杰瑞·福多同意这一观点，认为需要具备关于心智的先天计算理论来解释幼儿期社会技能的发展。[8]

约翰·塞尔对社会本体论及解释社会事实和制度的突出尝试也蕴含了持续影响的笛卡尔主义。他的内在主义丝毫不加掩饰：“大脑是我们用来将世界呈现给自己的唯一工具，所有我们能使用的东西都必须存在于大脑内部。”他进一步表达了这种心智个体主义，“我们在有组织的社会中获得的那种集体心智现象本身依赖并源于个体的心智现象。”[9]

根据塞尔的说法，最重要的心智现象是内在的符号表征。由于个体无法直接展示其符号表征，他使用语言来表
达这些表征，而这种行为表现在被他人观察时，他们便可 212
以从理论上推断出这些符号的含义。根据塞尔的观点，我们能够看到他人表征与我们自己表征之间的契合，从而实现他所称的“集体意向性”，即两个或更多的人恰好意图

相同的事情。然而，塞尔仍然持有严格的个体主义：“所有人类的意向性仅存在于个体人类大脑中。”[10]

塞尔的大脑可以相互对话，但不能齐声发言。由于群体计划依赖于共享的承诺，而一个人的承诺是以符号表征的形式存在的，需要语言表达，那么一个人只能通过关注他人的陈述来判断他人是否有相同的承诺。然而，并不是任何形式的陈述都可以。根据塞尔的说法，只有在你发表“声明”陈述你的意图之后，我才能形成对你心智承诺的理论。塞尔正确地否认了“我们-意图”可以被还原为一组“我-意图”而不遗留任何有意义的内容。然而，他的笛卡尔式心智理论假设阻碍了对“我们-意图”最初如何形成或如何发现我们中的彼此的任何解释。

笛卡尔式的个体主义阻碍了实际的集体意向性。我可以得知“你意图进行活动A”，并将其与“我意图进行活动A”相匹配，但这只是意味着“你和我都意图进行活动A”，而不是“我们现在以某种特定方式一起意图进行活动
213 A”。孩子们如何开始参与集体意向性呢？塞尔的笛卡尔主义假设还是太多了。

如果我们当中的一个人不成熟且缺乏技能，他不确定

我们要如何进行活动A呢？如果我对我们如何进行A几乎没有概念，我真的能像另一个人那样意图“我们做A”吗，即使我想做A并且我理解你意图做A？“我们-意图”无论多么模糊，必须在发展上和情境上优先于“我-意图”。一个小孩子可以以某种模糊的方式意图“帮助父亲烤蛋糕”，因为孩子期待蛋糕，但孩子和父亲并没有共享同一个“我想我们一起烤蛋糕”的想法。只有“我们将一起烤蛋糕”的共同意图才能启动并协调他们在烘烤过程中的特定“我”意图。

在发展上，“我们意图进行活动A”和“我们正在进行A”之间存在巨大的实践差距。在幼年时期，我们没有一个人是通过首先构思我们应该做什么、验证我们所有人意图一起做这件事，然后采取具体行动来完成这个集体活动的方式来参与任何形式的集体活动的。成年人之间熟悉的习俗可能看起来是这样的，但对于缺乏成句语言的早期人类或缺乏经验的当今年轻入门者来说，意向性不可能是这样的。

我们需要一个广义的社会认知定义，例如：“更广泛地说，社会认知构成了人们思考和理解他人、自身和社会情 214

境的过程。”[11]这种观点将其放置于包含人们进行实践并改造其生活环境的情境中。对社会认知在解释人类心理、社会和文化中的核心作用的广泛描述，已经成为主流。[12]

个体心智并不是在构建社会。恰恰是社会性正在构建个体心智。对“社会大脑”的研究已经在一系列相互关联的领域展开，从发展心理学和异常心理学，到认知科学和社会神经科学。在共同体和文化群体的社会认知背景下，有丰富的实证资源被用于理解意向性、智能、主动性和责任。[13]

社会认知不能是从个体认知的集合中涌现的现象。任何可个体化的认知，包括大部分自我意识和主动性，都是从更为基础的具身和动态的社会互动领域中涌现出来的。

埃利奥特·R. 史密斯和弗雷德丽卡·康利总结了这一研究趋势：

（a）认知是为了对行动进行适应性调节，心智表征是面向行动的；

（b）认知是具身的，既受到我们的感知运动能力的限制，也受到其促进；

（c）认知和行动是情境化的，即依赖于主体社会环境的具体方面；

（d）认知分布在大脑与环境之间以及社会主体之间（例如，当信息在群体中被讨论和评估时）。[14]

曾被认为是单独心智独有的复杂认知过程，现被证明是诸多大脑以共同和分布式地思考的能力。[15]

实用主义采取了最激进的观点：理解任何事物都涉及社会认知。从进入杂货店购物到出杂货店都是一系列社会认知任务，包括选择孩子喜欢吃的东西、为买那块昂贵的肉找理由，以及在收银台付款、记住别人做过的事、认出别人正在做的事、与他人交流、回忆他人的想法、共同参与实践并预测他人未来可能做的事，这些任务是我们每天、每时、每刻所做的主要事情。

除了任何哺乳动物都具备的生理能力之外，我们还能
做什么不涉及其他人类的事呢？作为人类的生活就是像人 216
类一样行为和思考。我们并没有发明这一点。普遍的社会认知不是个体思维的特殊产物。所有认知都参考生活中无数的活动和实践，并通过这一点服务于社会认知。

社会认知理论解释了为什么我们不是首先发展内部自我意识的心智，然后再推断他人的心智状态。更一般地

说，我们不会推断他人的内部心智状态，而这种心智状态拥有与可观察行为特征分离的本体论地位。从婴儿期到成年期，我们观察到的只是我们自己和他人的有意识行为。心智和意向性完全体现在这些行为中，否则它们就不存在。

必须承认一个逻辑点，即一个人的可观察到的有意识行为不足以确定对该人正在进行的心智状态的任何评估。然而，这一点不能表明我们必须远远超越信息贫乏的行为来假设信息丰富的心智实体。这类行为的不确定仅仅表明我们对所有人的态度、意图和信念的想法（包括我们自己的想法）都是有些模糊和易错的判断。永远不需要任何人以超越所有行为（以及任何神经事件）的方式来假设这些东西。

217 群体意向性

人类不仅必须在对自己该做什么有任何明确概念之前学习如何进行群体活动，还必须在对任何心智（无论是自己的还是他人的）形成任何想法之前参与群体活动。自我意识是通过对他人行为的关注逐渐积累起来的。只有通过成功参与多种群体活动，年幼的人类才能逐渐形成心智。

年幼的心智不需要先形成关于年长的心智具有什么样的意图才能参与相关的活动，即便是蹒跚且不充分地参与。相反，只有通过关注成熟心智正在做和完成的事情，正在学习的心智才能对成熟心智的意图和信念有一些初步的了解。实际上，“我们一起进行活动A”的认知在发展上必须先于“你意图我们进行活动A”，这又在发展上先于“我意图我们进行活动A”，而只有在此之后，孩子才会进一步形成诸如“我认为A应该完成”或“我认为A应该这样完成”的概念。

随着社会活动复杂性的增加，从婴儿期到童年再到青年期，前额叶皮质的相互连接会进一步发展。拥有人类心智包括拥有专注、灵活和成功进行社会实践的高级能力。对任务的执行控制以及人际关系管理是衡量人类生活能力 218
的两个方面。

通过社会互动，孩子们能够熟练掌握他人的意图、行为和态度。问“孩子何时从观察有意识的行为转变为推断他人内在心智状态”是一个严重的错误。假设一个人对他人内在心智生活的理解可以与对他人有意识行为的理解分开，是在假设心智理论不仅是可以分离的，而且是可以完全独立于社会行为的。这显然是一种不充分的观点。

大量的实验证据反驳了这种假设，即对任何心智的知识，无论是对自己的心智还是他人心智的知识，都并非先于或独立于对共同活动的积极参与。[16]经典的例子是婴儿通过了“错误信念”测试，能够理解他人如何持有错误的信念。这是一个重要阶段，婴儿的这一能力总是在他们观察他人行为并预测他人实际目标的过程中不断发展的。估计他人的错误信念尤其依赖于孩子对他人所见和所做的事情的感知。对他人真实信念的推理判断在较晚的年龄阶段才发展出来。

219 判断他人的意图依赖于语境背景。例如，一个孩子有关执行控制能力的发展是另一种实践功能，这种功能与孩子理解他人心智过程（如态度、情感或信念）的能力一起成长。通过参与团体来发展执行功能具有优先性。执行功能的训练不仅能增强执行功能，还能增强关于心智的理论，但仅训练心智理论并不能增强执行功能或心智理论。

情境角色扮演对于正常的认知发展至关重要。三岁的孩子不仅会跟随他人的意图进行游戏，还能懂假装游戏的规范性规则，并且只对自愿参与假装游戏的角色执行这些规则。那些涉及玩伴并共享同一个目标的游戏对于增强执行控制力和情感控制尤其有效。[17]

对人类认知能力的发展来说，对社会认知的高度依赖
并非是在成年期就会减弱的暂时情况。成年期是什么，不
就是参与多个角色扮演吗？在成年期，心智理论能力和参
与协调共同行动所依赖的共同过程，以及大脑优先并保持 220
社会互动与协调影响的倾向，仍然是一种普遍现象。

认知是大脑的工作，当多个大脑共同认知时，意向性和行动能力在多个正常运作的大脑中运作，而不是在若干独立大脑偶然并列行动的总和中运作。意向性基本上就是注意力。这就是为什么从皮尔士、詹姆斯到杜威、米德的每一位实用主义者，都认为社会经验和主观经验是一样实在的。

这种体验的社会性并不比跳舞、谈话或阅读更神秘。从语言学的角度看，符号交流必须是涉及多个有机体在意识到其共同性的情况下的融合反应。指出大脑产生经验只会让社会经验更有说服力。从神经学的角度看，“神经元

同时激发就是相互连接”的赫布过程（由唐纳德·赫布于1949年提出）为何要在头骨或皮肤处停止呢？大脑间的共同学习实际上就是共同发展。

社会化就是意义化，就是习惯化。涉及有意实践的高级认知需要通过共享经验、意图、交流和实践共同成长的多个大脑同时同步运作。心智同步和社会和谐互相映照。221 人们可以独自完成许多事情，但这仅仅是因为他们在成长过程中与他人共同完成了许多事情。将“真实”的认知和“真正”的行动能力局限于单个大脑中，必然违背大脑的自然发展和认知的社会心理学。

协同思考

本章仅粗略描绘的社会认知的发展解决了，或者更确切地说，消解了有关他心的哲学问题。塞尔和其他许多哲学家与心理学家的理解是错误的。个体的心智是从组织化社会的群体心智中发展出来并在其中运作的。

无论是“内在”意识、“先天”概念、“私人”意图、“先验”真理、“纯粹”本质，还是“感性质”现象，或其他永恒虚构的例子，都不能使心智保持在孤立的状态。甚至连思考本身也不能。“只有我知道我正在思考的想法”并不比“只有我画了我正在画的画”更能证明没有他人参与艺术。你并没有发明思考、艺术或任何你学到的使你成为人类的东西，包括自我和人性的观念。正如皮尔士所论证的那样，

> ……一个人并不是绝对的个体。他的思想是他在 222
> “对自己说话”，也就是说，在对那个在时间流动中刚刚出现的另一个自我说话。当一个人推理时，他试图说服的是那个批判性自我；而所有的思想都是符号，大多具有语言的本质。第二点要记住的是，一个人的社会圈（无论对这个词的理解有多广或多窄）是一种松散结合的“人”，在某些方面比个体生物的个人具有更高的层次。[18]

人格的本体论地位比“自我”更广泛。人类的自然目的就是在被称为人类的共同体中成为众人中的一个人。

群体意向性和行动能力的动态关系值得历史学、社会

学、人类学、经济学和政治学等多个学科的深入研究。这仍然是一个有争议的哲学话题，这是在意料之中的。在西方，普通语言、民间心理学和笛卡尔个体主义共同促成了对主观意图、个体化主体性的推定信任，以及对“群体心智”和“集体社会”的反感。

哲学没有忘记绝对观念论或任何超个人集体主义如何
223 威胁个体人格的有效自主。[19] 如果一个绝对（或一般意志等）在思考什么是恰当的思考，那个人的计划和行为会是什么样的呢？允许社会心智决定和控制我们的思维方式或行为方式，几乎不会比专制主义更好，反而会迅速走向极权主义。

奇怪的是，哲学家们通过将自由意志简化为神经状态来安全地自然化和个体化心智，却对集体心智凌驾于个人责任之上的观念感到厌恶。更讽刺的是，现代哲学虽然蔑视集体责任的远古进化基础，却赞扬对由近代发明的个体主义意识形态和为神学所驱动的行为伦理规则的约束。不管怎样，抛开虚伪不谈，绝对主义和还原论都忘记了系统整体论的本体论选择。

主体性和责任并不会因心智和主体的社会**分布**理论而

受到任何威胁。首先，每个人都能根据自己的意愿贡献才能，并相应地获得群体所赋予的权力。此外，一个人在社会中的有效生产力远远超过他单独能够想到或做到的任何事情。最后，认真对待认知的社会性，人对成年角色的文化习得会强有力地塑造他的行动模式和有关自身主体性的自我概念。

意识和责任心都存在于从最个人到最集体的社会经验 224
范围内。正如物质性和心智性是以功能为特征的动态实在的模式，主观性和客观性是以意图区分的心智模式。

实验心理学和神经科学正被用于对群体或集体意向性的研究中。[20]因为在共同目标下参与共同实践与追求个体目标是如此紧密交织，在研究人际同步行为时，个人意图和个人主体性无法被明确区分。同样，合唱或一起做饭时，没有人会感到自己没有责任感或像机器人，大脑的社会认知会防止人们产生这种感觉。我正在做的事情是我们正在做的事情的一部分，因为我们在一起追求相同的结果。

我们共同承担成败的责任，除非是通过共同协商明确某个个体的责任，给予其更多的赞誉或责备。不论结果如何，每个人都依然有责任选择如何贡献努力和分配结果。

要享受从头到尾的完全责任，就必须自己完成所有的事情，并试着享受那微不足道的成果。而当人类还在敲打石头和逃避掠食者的时候，责任这个概念并没有多少价值。

225 ## 小结

实用主义认为，有意图和负责任的主体性是可扩展的生存能力，而不是心智的某种简单属性，只能“开或关”的。选择的控制是一种相对简单的能力，任何有一定神经系统的生物都具备。思考为实现哪个目标而选择什么则复杂得多，也更重要。更大的大脑带来了对更多活动的控制，而像我们这样为共同合作而进化的大脑则能够控制无数的机会。

自由参与实现更多是人类唯一值得拥有的自由。因果性和社会性是使自主个体获得更大有效能力的条件，而不是障碍。哲学试图保护自主或理性免受自然之道的影响，但这一追求毫无意义。人类已经不再是从前的样子。只要社会变得更智能，负责任的自由也会随之增长。[21] 这种对人类可能性和实践的共同发展有一个名字：文化。

11

第十一章　文化和人格 227

人是由文化塑造的自我，而不是直接由生物学塑造的。人格远不止分子或新陈代谢，但认为人格是非自然的这样的结论也过于草率。如果生物学进化出狡猾的人类，然后他们发展了社会，这些社会将自我教育成人，那么这段旅程就调和了自然与人格。人和孔雀或糕点一样不自然。人类恰好专注于人格。

人，拥有艺术技能和负责的能动性，这是文化成就。他们不能凭空出现。人可以创造其他人，就像心智能形成更多心智一样。对于心智自我和负责的人来说，其有机天性是使人性寓居于自然性的原因。

在许多方面，人格是人性的终极艺术形式。人格之所以特殊，是因为他们与人性本身一起进化，成为我们一切 228

可能性的来源。实用主义认为，心智、自我和人格的一切都与我们作为地球上有机生命体的文化存在相一致。实用主义通过这种哲学人类学来完善其自然主义世界观。

生物文化的共同演化

如果把自然看作是纯粹机械的，或者把文化看作仅仅是约定俗成的，那么在自然中要展示文化就可能会遇到特殊的困难，从而诱发非自然的解决方案。自然的愚钝强力看起来不像是理性或道德规范的合理成因。社会的人造方式似乎也不能解释这些规范。有没有第三种选择？在犯了第一个错误即要求自然或社会对我们所知和所珍视的事物负责之后，接下来的错误超越了这些范畴，将责任归于某些非自然的（柏拉图式的、精神的、有神论的等）起源。虚假的两难困境比比皆是。

对人类起源的更好理解要归功于人类的生物文化共同演化。人类学家约瑟夫·亨里奇概述了这一过程：

……自然选择偏爱能够构建具有从他人学习能力

> 的大脑的基因。这些学习能力在群体中运作并随着时 229
> 间的推移，可以产生细微的适应性行为表现，包括与精巧工具和大量与植物和动物知识相关的行为表现。这些新兴产物最初是众多学习型心智在群体的相互作用中，随着时间推移而意外出现的后果。[1]

我们人类能够像现在这样思考，不仅仅是因为盲目的演化或聪明的发明，而是因为它们长期纠缠的共同创造。[2]随着我们的人类谱系逐渐远离大猩猩，演化的压力开始培养超级学习者，他们从社会提示和关怀中获取聪明的行为。从婴儿期开始，简单的能力就容易与长辈的提示互动，以引导习惯的加强，然后为孩子进一步在合作中扮演角色而做准备，等等。学习本身需要被学习，但这并不是一个悖论。童年本身也是演化的结果。[3]

婴儿具有快速学习的倾向，以至痉挛动作很快在童年时期变成习性，成熟的技能也可以迅速传授给他人。社会心智逐渐比自私的利己主义更具遗传性。人类祖先，特别是能人和直立人，加速了这一自我延续和扩大的循环，推动了更大的脑容量、延长的幼年特征和复杂的人际关系，

230 这反过来又促进了更灵巧的发明和知识的留存。

最重要的是，随着记忆的扩展，意向性的递归性变得越来越强。这一发展使得群体能够协调所参与的实践，例如跳舞、唱歌、模仿性（喉音和手势）语言、共同育儿、教学和互惠道德。这些原始的文化形式反过来又促进了更有效的工具使用、战略性狩猎、食物加工、安全和团结。[4]

部分来自遗传，部分来自习俗，只要被证明对个体和群体的生存是必要的（这种区别在超级社会的智人中变得模糊）东西，随后便会成为训练有素的心智的基本要素。关于是“基因选择”“个体选择”还是“群体选择”推动了数百万年来的古人类进化的伪辩论，是不必要的还原论的遗物。在一个层次上的变化，几乎很少能独立于其他层次而改变，而且变更发生的原因很多是相同的。只要有机会形成共同的关注，远古祖先就在发现有助于共同更好生存的实践中进化了。

在解释符号的共同运作时，还原论显得尤其疏忽。最初的象征形式既不是铭刻在物质上的，也不是心智启发的，而是体现在他人风格化和富有表现力的行动中。反向
231 套用一句神学的术语：在我们中间，肉身成了道。在建立

了同步参与的实践活动之后，微型的角色扮演和仪式为我们发明的其他规范性实践提供了可理解的结构。当一个婴儿高兴地与他人同步鼓掌时，文化的其余部分就只是细节了。

从动物般的信号到清晰的句子，从未发生过神奇的飞跃。意向性从第二阶（意识到他人有其自己的信念）上升到第三阶（传达自己的信念以改变他人的信念），再到第四阶（传达信念以让多人接受），花了四五百万年的时间和一个灵活的前额叶皮层。[5]第四阶意向性使得个体能够在规范性实践中承担角色，并意识到他人对自己所参与角色的欣赏。这标志着社会化的出现，也因此诞生了自我。

作为社会学奠基人、杜威的昔日学生以及詹姆斯的崇拜者，查尔斯·霍顿·库利用“镜中我”隐喻实用地描述了个人自我的本质。简单概括就是：“我不是我所认为的我，也不是你所认为的我；我是我所认为你认为的我。”[6]这种第四阶意向性为专注的人格和规范性实践提供了认知基础。从内部和外部两个视角看，它们是同一件事。

个人自我的社会意向性早于*智人*。晚期*直立人*分支到 232
*海德堡人*和*尼安德特人*显然应用了这一能力。他们的实

践，例如通过多个精确步骤制作工具、多阶段的食物准备和公平的第三方惩罚，是几乎不可能仅通过模仿就获得的能力。一个大的新皮层、更大的群体规模、社会象征和复杂的意向性都涉及其中。含大量词汇的完整语法的语言是后来出现的，其句法递归性是一种有用的复杂性，只是追踪了早期意向性的递归性。

伟大的文化革命并不是在大约十万年前智人最终开始讨论他们的住所、更锋利的刀片、岩画和珠宝时发生的，而是在更早的时候，大约在四十万年到八十万年前，当之前的古人类物种在锻造未来文化的时候。人类共相就源自这第一次的继承，而特定文化则源自第二次继承。其他一般性特征和行为则是从阿尔迪猿和南方古猿到能人的更深层次继承。

认知考古学和古人类学的新兴领域正在研究团队合作、教学、技术、音乐、语言和艺术的长期生物文化演化。[7]这些领域正在汇聚一种关于古人类发展和人类遗产的
233 观点，这一观点由经典实用主义的功能主义提出，并得到了当代实用主义者的认可。

根据实用主义对思维规范的解释，社会在新的心智中

所训练的内容，早先是通过实践优势保留下来的新奇事物。通过训练形成的新心智，在演化中为这种学习做好准备的大脑的帮助下，产生了如此强烈的神经连接和模式，以至由此产生的思维模式和行为似乎是先天的和不可避免的。要不是数百万年的生物文化共同演化，这种通过神经学将新奇转化为必然性的过程似乎是自相矛盾的。文化适应取得了成功。正如杜威所说："后天习得的东西可能变得如此根深蒂固，以至于在所有意向和目的上都变成了本性的，俗话说'习惯成自然'，说的就是这个道理。"[8]

我们的文化形式，包括所有可以学习、复制、思考和教导的内容，成为人类的本性，成为我们的"第二天性"。学习、玩耍和教学是我们最早的文化实践，其他一切都是随之而来的，包括人格。[9]

文化表现

文化认知在达到更高阶意向性后，现在可以实现内省反思、感知观察、透视描绘和叙事虚构。其他哲学将这些 234
能力视为非经验世界的本质、感觉材料、内部表征和可能通过训练形成的新心智，在演化中为这种学习做好准备的大脑的帮助下，产生了如此强烈的神经连接和模式，以至由此产生的思维模式和行为似乎是先天的和不可避免的。

世界等概念的证据。实用主义并不否认富有想象力的人们可以专注于看似固定的事物，而这些事物作为一个代理工具确实具有认知效用。然而，文化仍然解释了最丰富的认知过程。人类智慧的复杂象征能力是建立在语言社会性的延展心智上的，我们通过操纵外部符号来卸载认知工作。[10]

象征符号的发明，包括之后的手势、言语和写作，利用了认知在处理我们与环境中有意修改特征的交互方面的专长。人类智慧可以将认知工作卸载到我们周围的符号领域，这样它就可以为我们保存甚至操纵信息，而我们根据需要获取这些信息。这使得修改后的环境成为社会认知系统的一部分。心智/大脑与物体之间的信息流动如此密集和连续，以至对于研究认知活动的科学家来说，孤立的思考者并不是一个足够有意义的分析单位。高级认知活动的产生不仅仅来自心智或大脑，而是融合了心智/大脑及其受改造的栖息地的共同功能。

这些实用主义的核心观点，加上具身的、生成的和延 236
展的（非表征）认知科学，解决了关于身心关系、复杂认知操作的自然性和创造性推理的文化起源的长期谜题。对于人类认知来说，最需要管理的生活环境部分是社会世界：人与人之间的信息交换和合作。我们从不会对同一事物进行两次表征，因为每次遭遇都不同，我们也不可能仍是同一个观察者。大脑的深度网络结构并不是在处理“表征”，而是“重表现”作为灵巧和适当行为的元素。[11] 对于人类来说，我们的体验完全是社会的和文化的。通过传递的文化活动模式，我们的大脑参与其中，完成了熟练的认知。

最复杂的人类认知模式是低级认知过程的集合和精炼。这些复杂的思维模式，看似远离简单的物质或生物学，但对于实践上的成功而言，依然是具身的和功能性的。高级自我意识思维——例如反思、推理和假设——是社会发明和引导的能力，这种能力专注于将实践习惯泛化为灵活应用的方法。这些高级社会能力用于协调团队的合
237 作实践，面对不断变化的环境条件时，需要大量集体创造力来维持效率。

扩展的想象力和工作记忆发展出了一个沉思空间，在这个空间中，相应的技巧可以在类似的新问题上进行实验性排练和尝试。即使纯粹的想象、概念游戏和美学沉思也是为了改进实践而存在的创造性能力，尽管我们也可以脱

离实际关切来进行这些活动。这些创造模式除了其他作用外，还允许概念及其关系的固定，并产生明晰的可信推理。

理性思维的复杂类型，特别是系统推理和实验方法，是整合认知过程后的精细发展。人类从逻辑和科学中获得的最真实的知识是运用文化设计和教育传播技巧的产物。我们应该实在地理解科学假设的原因是，科学共同体能够据此导出与理论实体的可靠互动。[12]

科学知识与实践和技术技能是连续的。大部分人类经验、道德和所有知识都是社会认识实践的涌现特性。所有先验、概念和语言真理都内在于某种认识实践。因为没有任何先验概念的固定性可以决定经验充沛性，其整体有效性只与知识系统的实践恰当性相关。通过避免认识二元论 238
和还原论一元论，认识论和伦理学都被（整体论地）自然化了，就此适应了有文化的人类自然世界。要解释心智，完全不需要任何精神的、超验的或超自然的东西。

人类认知的复杂模式旨在获得社会能力、技术专长和关于实在的知识。文化将社会成员教化成各种形式的负责智能体，并期望他们为群体目标尽职尽责，最终符合实用的成功标准。对于我们智人而言，核心的文化实践构成了“人性”，主要包括艺术创作、工具制作、团队教育、语言叙述、音乐创作、表达性的仪式化、精神反思、道德灌输、体育竞技、商贸交易、部落联盟和亲属凝聚力。

话语规范和解释规范本质上都是这些实践的一部分，因此也是我们每个人作为人的一部分，它们并非先天地存在或通过超验要素的降临而得以被构建。[13]我们的“个人自我”生活与文化实践——那些共同参与性的生活“象征领域”——紧密相连。“人格”是文化的人造具象化和表达。远古的祖先逐渐创造了人格，天地之间没有其他东西能够做到这一点。

239 理性、知识和责任由于教育和实验而得以延续，最终需在文化背景中接受实践的检验。逻辑和实践之间不存在二分。任何看起来确定和必要的事物，都是来自认知操作根深蒂固的习惯，以至要么容易训练的大脑在潜意识中执行它们，要么我们的思维特别依赖它们。然而，心智能够随着时间的推移和世代的更替而改变。

高级的学习能力能够通过经验探究和实验科学质疑、修正或放弃最坚定的信念。高级哲学，特别是实用主义的多元自然主义，拒斥将心智与世界、人与实践，以及文化与自然分离的世界观。

小结

认知和文化完全是自然的。人类物种的演化，以及复杂的人类联结和实践的生物文化共同演化，足以解释认知的所有特征。这两种演化模式并非分离的——没有任何形式的认知是独立于这两种模式的，尽管复杂的人类认知形式在起源和功能上主要是以文化为特征的。

我们人类通过社会性预备了体验世界的方式，以应对 240
敏锐的自然。我们的大脑通过自然演化预备了进行认知的方式，以维持社会，而社会提供了所有的人类实践。

关于人类的一切都嵌入在持续的实在中。连续性和偶然性普遍存在。实用主义的世界观提供了以下指导原则：

实在是整体的：连续性贯穿了整个实在。

本体论是动态的：任何具有现实性的东西都在不断变化和互动中。

解释是语境性的：相互回应的条件解释了过程的进程。

学习是创造性的：新信息来自想象力和发明力的探索。

知识是共同的：改进知识需要协作性实验。

自然是合理的，因为它的能量模式可以以系统化的方式运作，使其新陈代谢的模式能够形成有机体。理性是自然的，因为它的功能过程可以为具身性的有文化的人类服
241 务，使他们能够与自然进行丰富的互动。宇宙容纳着人类，人类反映着他们的家园，同时努力追求成就。

这种自然主义哲学所需要的一切阐明都在其世界观内，包括促成其证成过程的社会智能和文化技术。实用主义是一种连贯的、完整的、自给自足的世界观。

·致 谢

第十章和第十一章中的部分段落改编自两篇先前的出 243
版物。分别出自：大卫·D. 弗兰克和乔纳森·H. 特纳所编《神经社会学手册》(Berlin: Springer, 2012) 中的《社会认知和他心问题》，以及蒂博尔·索利莫西和约翰·R. 舒克所编《神经科学、神经哲学和实用主义：处理世界的大脑》(London: Palgrave Macmillan, 2014) 中的《神经实用主义和科学与人文世界观的重构》。

· 词汇表

绝对主义（absolutism）

绝对主义是观念论和一元论的形而上学结合体。一个终极心智构成了所有实在，包括我们这样的有限心智以及任何可感知和可知的事物。这种立场依赖于认知或神秘的还原论，将任何看似自然或物质的事物描述为要么是依赖心智的，要么是不真实的。

行为主义（behaviorism）

行为主义是一种认识论和科学立场，认为任何精神和心理活动，无论是有意识的还是无意识的，最终都会在个体的外在行为中表现出来。严格的行为主义认为，只有行为（而非任何精神活动）才是恰当的知识对象，行为主义同时也支持物理主义。

决定论（determinism）

对于不变的事物，几乎不需要解释，而任何新颖和变化的事件都必须由时间上同时或之前的其他事件引起。严格的决定论，与多元论相对，认为一个事件是由于先前的原因根据不变法则所致，在其所有特征上必然发生。

二元论（dualism）

在形而上学中，两种不同类型的现实是基本的，但它们是独立且不连续的。在认识论中，（精神）知识代表着独立于心智的实在，这些实在不受认知的影响。典型的二元对立包括事实与价值、物质与心智、创造与上帝、自由与决定论等。

经验主义（empiricism）

经验主义是一种认识论，主张所有知识必须合理地基于直接或间接的观察和实验。所有确证都是经验性的。理性主义与经验主义相对立，前者认为知识还需要非经验性的因素，如直觉的确定性或概念的清晰性。

认识论（epistemology）

认识论是构建并比较关于任何真理知识所需合理辩护的理论，包括关于信息来源、评估合理性和有效性的标准、支持结论的推论类型以及避免谬误和错误的策略等观点。

可错论（fallibilism）

可错论认为，可靠性和可修正性是知识的关键特征，而不是严格的必然性或永恒的固定性。没有任何知识是绝对无误的，许多知识因为错误而被抛弃，但健全的方法论会随着时间的推移产生不断改进和扩展的知识。

历史主义（historicism）

历史主义是一种相对主义观点，认为知识（实践的和理论的）是共同体和谱系性的，反映了独特且不可替代的文化遗产。在社会理论中，一个文化的习俗、制度、艺术、道德、政治等，只有在该文化的历史进程中才能真正理解其意义。

整体论（holism）

整体论认为，所有存在之间都存在连续性和相互关系。没有任何事物是脱离语境独立存在的，部分最好通过整体来解释。整体论像一元论一样，反对二元论，但非一元的整体论可以与多元论结合。在社会理论中，个人是在社会中被创造并得以维持的。

观念论（idealism）

观念论是一种形而上学观点，认为只有心智、心智的能力及其构造才是最终的实在。一元的观念论通过心智还原论来证明绝对主义，而多元的观念论则趋向于主观主义。

个体主义（individualism）

在形而上学中，个体主义认为个体与任何其他类型的实在一样真实，甚至更真实。个体主义与整体论兼容，但容易倾向于主观主义。在社会理论中，个体主义认为，社会的存在是由于个体成员，并且为了个体成员的利益，个体成员具有更高的价值。

唯物主义（materialism）

唯物主义是自然主义的一种版本，主张一种惰性和无感觉的物理实在的一元论。唯物主义依赖科学还原论来解释任何看似非物质的事物（例如“现象”或“精神”），认为它们要么是依赖物质的，要么是不真实的。多元论与唯物主义相对立，而决定论则与唯物主义相依相伴。

形而上学（metaphysics）

形而上学思考所有本体论（及所有存在的事物）共有的特性，以及用什么来判断实在为何或最实在的为何。将一种实在视为至高无上或唯一真实的观点激发了形而上学的二元论，并引发了关于部分与整体关系、知觉知识、心智与身体的连接、自由意志等问题。在形而上学上，整体论和一元论反对二元论。

一元论（monism）

一元论是一种形而上学观点，认为所有存在的事物中只有一种实在。每一种事物都是这种独特实在的显现，或本质上是对其的分有。一元论更容易与整体论兼容，而与多元论相对立。典型的一元论包括观念论和唯物主义。

自然主义（naturalism）

自然主义认为，自然是唯一且终极真实的，所有解释都是经验性的，并诉诸自然的东西。自然主义是实在的且非二元论的，但它通常与多元论相容，以容纳心智与物质、身体与精神等。自然主义的还原论版本是唯物主义。

本体论（ontology）

本体论是指在某些经验、实践或探究领域被认为存在的事物。无论是关于梦境、戏剧、教条、学科还是数据库，一种话语的术语就是一种本体论。若非被科学或形而上学的还原论所统治，本体论本质上是多元的。

多元论（pluralism）

无数种存在构成了所有实在，它们之间大多是偶然关系，因此丰度、离散性和多样性是所有存在的特征。社会多元论通过承认不同群体的价值或每个人的个体性来反对文化统一性。

实用主义（pragmatism）

实用主义是一种融合了过程哲学、多元论、整体论、可错论和自然主义的哲学世界观。在社会理论中，实用主义强调历史主义、文化多样性和自由民主的价值。

过程哲学（process philosophy）

过程哲学反对永恒哲学，认为任何实在的事物都在逐渐变化，包括内部变化和与其他事物的关系。它对过程普遍性的尊重与多元论是一致的。

理性主义（rationalism）

理性主义是一种认识论，主张知识的合理性源于非经验性的基础，例如直觉的确定性或概念的清晰性，而不仅仅依赖于经验学习。理性主义的认识论奠定了两种知识，一种主要是经验性的，另一种主要是理性的，这导致了二元论。

实在论（realism）

在形而上学中，实在论主张大多数实在独立于心智、心理活动（如意识或经验）和知识而存在。在认识论中，关于独立实在的客观真理是可知的，而心智就关注于此。实在论认为使知识更依赖于心智会导致观念论或主观主义。

还原论（reductionism）

还原论通过理性地解释一种本体论如何实际上只是另一种本体论的某个方面、功能、属性、组成部分等，是一种科学或形而上学策略。如果这种解释失败，则会促成本体论的多元论甚至二元论。

相对主义（relativism）

真理的可知性体现在不同的共同体中，每个共同体都有自己可信知识的标准。共同体之间的知识可以比较甚至共享，但没有一个共同体的知识具有否定另一个共同体知识的理性基础。在社会理论中，不同共同体和文化的重要价值同样是独特且不可通约的。

表征主义（representationalism）

在认识论中的表征主义认为，有效的知识必须类似或复现所知事物的相关特征或结构。它的经验主义观点期望观察性知识和命题性知识能够准确地表征所知事物。在科学中，表征主义也表示一个实在的假设能够准确地模拟它所假定的事物。

怀疑论（skepticism）

怀疑论声称有关固定的或最终的真理的知识是没有理性基础的，因此不存在绝对真理，怀疑则是更为合理的选择。常识或个人观点必须作为信念的依据，而我的“事实”不能证明你的不同“事实”是错误的。相对主义和可错论提供了对怀疑论的折中替代方案。

主观主义（subjectivism）

在形而上学中，主观主义是一种观念论立场，认为所有实在仅由个体心智及其相互关系构成。在认识论中，主观主义是一种怀疑论立场，认为任何信念或知识只对个体思考者有效。主观主义最大的对手来自实在论和自然主义。

意志论（voluntarism）

在形而上学中，意志论认为每种存在在每个层面上都有动态潜力和一定程度的意志与目的。在认识论中，意志论认为所有知识都源于并且只有通过有意志与目的性的活动才能获得有效性。

· 注 释

第一章 实用主义：一个新确认观念的旧名称

1 Charles W. Morris, "Neo-Pragmatism and the Ways of Knowing," The Monist 38.4 (October 1928): 494–510. 也参见Alan R. Malachowski, The New Pragmatism (Montreal: McGill–Queen's University Press, 2010); Omayra Cruz, Neo-Pragmatisms and New Romanticisms (London and New York: Routledge, 2009); David Hildebrand, Beyond Realism and Antirealism: John Dewey and the Neopragmatists (Nashville: Vanderbilt University Press, 2003); Douglas McDermid, The Varieties of Pragmatism: Truth, Realism, and Knowledge from James to Rorty (London: Continuum, 2006); Cheryl Misak, ed., New Pragmatists (Oxford: Oxford University Press, 2007)。

2 对实用主义的比较研究包括以下著作：A. J. Ayer, *The Origins of Pragmatism: Studies in the Philosophies of Charles Sanders Peirce and William James* (San Francisco: Freeman, Cooper, 1968); Arthur O. Lovejoy, *The Thirteen Pragmatisms and Other Essays* (Baltimore: Johns Hopkins University Press, 1968); Israel Scheffer, *Four Pragmatists: A Critical Introduction to Peirce, James, Mead, and Dewey* (New York: Humanities Press, 1974); H. O. Mounce, *The Two Pragmatisms: From Peirce to Rorty* (London and New York: Routledge, 1997); John P. Murphy, *Pragmatism From Peirce to Davidson* (Boulder, CO: Westview Press, 1990); Cheryl Misak, *The American Pragmatists* (Oxford:

Oxford University Press, 2013)。

3 James, William. *Works: Pragmatism,* 31. 有关引用实用主义者批判版本的解释，请参阅延伸阅读部分。

4 对实用主义起源的一种说法出现在：Frank Ryan, Brian Butler, and James Good, ed., *The Real Metaphysical Club: the Philosophers, their Debates, and Selected Writings from 1870 to 1885* (Albany: State University of New York Press, 2019)。

5 James, Works: *Pragmatism*, 42.

6 James, Works: Pragmatism, 97, 短横线和斜体为原文即有的。

7 Peirce, CP 5.555, c.1903.

8 William James to Henry James, May 4, 1907, in *The Letters of William James*, ed. Henry James (New York, 1920), vol. 2, 279.

9 美国哲学协会的主席演讲展示了如此广泛的多样性。参见：John R. Shook, ed., *Historical Essays in 20th Century American Philosophy* (Charlottesville, VA: Philosophy Documentation Center, 2015)。

10 James T. Kloppenberg, *Uncertain Victory: Social Democracy and Progressivism in European and American Social Thought, 1870–1920* (New York: Oxford University Press, 1986); James Livingston, *Pragmatism and the Political Economy of Cultural Revolution, 1850–1940* (Chapel Hill, NC: University of North Carolina Press, 1994); Andrew Feffer, *The Chicago Pragmatists and American Progressivism* (Ithaca, NY: Cornell University Press, 1993); Morris Dickstein, ed., *The Revival of Pragmatism: New Essays on Social Thought, Law, and Culture* (Durham, NC: Duke University Press, 1998); John Pettegrew, ed., *A Pragmatist's Progress? Richard Rorty and American Intellectual History* (Lanham, MD: Rowman & Littlefield, 2000).

11 参考以下作品：Richard J. Bernstein, *Beyond Objectivism and Relativism: Science, Hermeneutics, and Praxis* (Philadelphia: University of Pennsylvania Press, 1983); W. J. T. Mitchell, ed., *Against Theory: Literary Studies and the New Pragmatism* (Chicago: University of Chicago Press, 1985); Chantal Mouffe, ed., *Deconstruction and Pragmatism: Critchley, Derrida, Laclau*

and Rorty (London and New York: Routledge, 1996). Mike Sandbothe and William Egginton, eds., *The Pragmatic Turn in Philosophy: Contemporary Engagements Between Analytic and Continental Thought* (Albany: State University of New York Press, 2004); Paul Fairfield, ed., *John Dewey and Continental Philosophy* (Carbondale, IL: Southern Illinois University Press, 2010)。

第二章　实用主义准则

1 Jeroen Bouterse and Bart Karstens, "A Diversity of Divisions: Tracing the History of the Demarcation between the Sciences and the Humanities," *Isis* 106.2 (June 2015): 341–352.

2 Robert J. Richards, *The Romantic Conception of Life: Science and Philosophy in the Age of Goethe* (Chicago: University of Chicago Press, 2010); Frederick Beiser, *The Fate of Reason: German Philosophy from Kant to Fichte* (Cambridge, MA: Harvard University Press, 2009).

3 Trevor Pearce, *Pragmatism's Evolution: Organism and Environment in American Philosophy* (Chicago: University of Chicago Press, 2020); John R. Shook, *Dewey's Empirical Theory of Knowledge and Reality* (Nashville: Vanderbilt University Press, 2000); Hans Joas and Daniel R. Huebner, eds., *The Timeliness of George Herbert Mead* (Chicago: University of Chicago Press, 2016).

4 Ian Hacking, *The Taming of Chance* (Cambridge, UK: Cambridge University Press, 1990).

5 Peirce, *EP* 1.300; *CP* 1.155; *EP* 1.331.

6 Kenneth L. Ketner and A. F. Stewart, "The Early History of Computer Design: Charles Sanders Peirce and Marquand's Logical Machines," *Princeton University Library Chronicle 45.3 (Spring 1984): 186–211; Risto Hilpinen, "Peirce's Logic," in The Rise of Modern Logic From Leibniz to Frege, eds. D. M. Gabbay and J. Woods (Amsterdam: Elsevier North- Holland, 2004), 611–658;*

Jaakko Hintikka, "The Place of C. S. Peirce in the History of Logical Theory," in The Rule of Reason: The Philosophy of Charles Sanders Peirce, eds. J. Brunning and P. Forster (Toronto: University of Toronto Press, 1996), 13–33.

7 Gérard Deledalle, *Charles S. Peirce's Philosophy of Signs* (Bloomington, IN: Indiana University Press, 2000); Thomas A. Sebeok, *Signs: An Introduction to Semiotics*, 2nd ed. (Toronto: University of Toronto Press, 2001); T. L. Short, *Peirce's Theory of Signs* (Cambridge, UK: Cambridge University Press, 2007); Tony Jappy, ed., *The Bloomsbury Companion to Contemporary Peircean Semiotics* (London: Bloomsbury, 2019).

8 Laura Moorhead, "Down the Rabbit Hole: Tracking the Humanizing Effect of John Dewey's Pragmatism on Norbert Wiener," in *IEEE Conference on Norbert Wiener in the 21st Century* (Piscataway, NJ: IEEE, 2014), 1–8.

9 Mark Johnson and George Lakoff , "Why Cognitive Linguistics Requires Embodied Realism," *Cognitive Linguistics* 13.3 (2002): 245–263; James Russell, *What is Language Development? Rationalist, Empiricist, and Pragmatist Approaches to the Acquisition of Syntax* (Oxford: Oxford University Press, 2004); David Boersema, *Pragmatism and Reference* (Cambridge, MA: MIT Press, 2009); Daniel Dor, Chris Knight, and Jerome Lewis, eds., *The Social Origins of Language* (Oxford: Oxford University Press, 2014); Ezequiel A. Di Paolo, Elena Clare Cuffari, and Hanne De Jaegher, *Linguistic Bodies: The Continuity between Life and Language* (Cambridge, MA: MIT Press, 2018).

10 Francisco J. Varela, Eleanor Rosch, and Evan Thompson, *The Embodied Mind: Cognitive Science and Human Experience* (Cambridge, MA: MIT Press, 1991); Jean Valsiner and Rene Van Der Veer, *The Social Mind: Construction of the Idea* (Cambridge, UK: Cambridge University Press, 2000); Harold Blumer, *Symbolic Interactionism* (Englewood Cliffs, NJ: Prentice- Hall, 1969); Anselm L. Strauss, *Continual Permutations of Action* (New York: Aldine de Gruyter, 1993); Radu Bogdan, *Our Own Minds: Sociocultural Grounds for Self- Consciousness* (Cambridge, MA: MIT Press, 2010); Marcello Barbieri,

ed., *Introduction to Biosemiotics: The New Biological Synthesis* (Dordrecht, Netherlands: Springer, 2008).

11 Thomas Wynn, Karenleigh Overmann, and Lambros Malafouris, "4E Cognition in the Lower Palaeolithic," *Adaptive Behavior* 29.2 (2021): 99–106; Walter J. Freeman, *How Brains Make Up Their Minds* (New York: Columbia University Press, 2001); Fausto Caruana and Italo Testa, eds., *Habits: Pragmatist Approaches from Cognitive Science, Neuroscience, and Social Theory (Cambridge, UK: Cambridge University Press, 2020).*

12 David L. Leary, *The Routledge Guidebook to James's Principles of Psychology* (New York and London: Routledge, 2018).

13 Edward S. Reed, *James J. Gibson and the Psychology of Perception* (New Haven, CT: Yale University Press, 1988); Harry Heft, *Ecological Psychology in Context: James Gibson, Roger Barker, and the Legacy of William James's Radical Empiricism* (Mahwah, NJ: Lawrence Erlbaum Associates, 2001).

14 Francesca Michelini and Kristian Köchy, eds., *Jakob von Uexküll and Philosophy: Life, Environments, Anthropology* (New York and London: Routledge, 2020); Richard Lewontin and Richard Levins, *The Dialectical Biologist* (Cambridge, MA: Harvard University Press, 1985); Gregory Bateson, *Steps to an Ecology of Mind* (Chicago: University of Chicago Press, 1972).

15 Dewey, *How We Think*, *MW* 6: 265.

16 Alva Noë, *Out of Our Heads: Why You Are Not Your Brain, and Other Lessons from the Biology of Consciousness* (New York: Hill and Wang, 2009); Andy Clark, *Supersizing the Mind: Embodiment, Action, and Cognitive Extension* (New York: Oxford University Press, 2008); Daniel C. Dennett, *Kinds of Minds: Toward an Understanding of Consciousness* (New York: Basic Books, 1996); Evan Thompson, *Mind in Life: Biology, Phenomenology, and the Sciences of Mind* (Cambridge, MA: Harvard University Press, 2007); Tim Ingold, *The Perception of the Environment: Essays on Livelihood, Dwelling and Skill* (New York and London: Routledge, 2000); Mark Rowlands, *The New Science*

of the Mind: From Extended Mind to Embodied Phenomenology (Cambridge MA: MIT Press, 2010); John R. Shook and Tibor Solymosi, eds., *Neuroscience, Neurophilosophy, and Pragmatism: Brains at Work with the World* (London: Palgrave Macmillan, 2014); Anthony Chemero, *Radical Embodied Cognitive Science* (Cambridge, MA: MIT Press, 2009); Pentti Määttänen, *Mind in Action: Experience and Embodied Cognition in Pragmatism* (Cham, Switzerland: Springer, 2018).

第三章　永恒与无常

1 Peirce, "The Architecture of Theories" *EP* 1: 288.

2 James, *Works: Pragmatism*, 78–79.

3 Dewey, "Time and Individuality" *ED* 1: 224.

4 与实用主义的相似之处和接近性可以是很多的。Randall E. Auxier, *Time, Will, and Purpose: Living Ideas from the Philosophy of Josiah Royce* (Chicago: Open Court, 2013); Mark Okrent, *Heidegger's Pragmatism: Understanding, Being, and the Critique of Metaphysics* (Ithaca, NY: Cornell University Press, 1988); Brian G. Henning, William T. Myers, and Joseph D. John, eds., Th*inking with Whitehead and the American Pragmatists: Experience and Reality* (Lanham, MD: Lexington Books, 2015); Henry S. Levinson, *Santayana, Pragmatism, and the Spiritual Life* (Chapel Hill, NC: University of North Carolina Press, 1992).

5 尼采的思想在很大程度上可以与实用主义相辅相成。See Pietro Gori, *Nietzsche's Pragmatism: Essays on Perspectival Thought* (Berlin: De Gruyter, 2019); and Manuel Dries and P. J. E. Kail, eds., *Nietzsche on Mind and Nature* (Oxford: Oxford University Press, 2015). On Bergson and Deleuze, see Simone Bignall, Sean Bowden, and Paul Patton, eds., *Deleuze and Pragmatism* (London and New York: Routledge, 2014). On existentialism, see also Christina Howells, *Sartre: The Necessity of Freedom* (Cambridge, UK: Cambridge University Press, 2009). Wilhelm Dilthey approaches Dewey's historicist naturalism.

6 Dewey, *Quest for Certainty*, *LW* 4: 13–14.

7 Joseph Margolis, *Pragmatism Without Foundations: Reconciling Realism and Relativism*, 2nd ed. (London: Continuum, 2007).

8 对康德和黑格尔的实用主义重构的是：Kenneth R. Westphal, *Grounds of Pragmatic Realism: Hegel's Internal Critique and Reconstruction of Kant's Critical Philosophy* (Leiden, Netherlands: Brill, 2017)。对于奎因，参看：Murray Murphey, *The Development of Quine's Philosophy* (Dordrecht, Netherlands: Springer, 2012)。

9 Gabriele Gava and Robert Stern, eds., *Pragmatism, Kant, and Transcendental Philosophy* (London and New York: Routledge, 2016).

第四章 语境和实在

1 James, *Works: Pragmatism*, 143.

2 Russell, *A History of Western Philosophy* (London: Allen and Unwin, 1946), 846.

3 Albert Einstein, "Foreword" in Phillip Frank, *Relativity* (Boston: Beacon Press, 1950), viii.

4 James, *Works: The Meaning of Truth*, 40–41.

5 W. V. 奎因的"不可或缺论证"主张，科学在公式上的成功也为数学实体的实际存在提供了保证："On What There Is," repr. in *From a Logical Point of View*, 2nd ed. (Cambridge, MA: Harvard University Press, 1980), 1–19; On pragmatism's view, the purity of mathematics maintains its unreality in guaranteeing its truths; there is no naturalistic or Platonic realism destined for mathematics. Consult Philip Kitcher, *The Nature of Mathematical Knowledge* (Oxford: Oxford University Press, 1984); and George Lakoff and Rafael E. Nuñez, *Where Mathematics Comes From: How the Embodied Mind Brings Mathematics Into Being* (New York: Basic Books, 2000)。

6 杜威认为量子力学可以按照他的实用主义路线进行解释。See Thomas C. Dalton, *Becoming John Dewey: Dilemmas of a Philosopher and Naturalist* (Bloomington, IN: Indiana University Press, 2002), chap. 7. Physicist Richard

Healey concurs with pragmatism in *the Quantum Revolution in Philosophy* (Oxford: Oxford University Press, 2017).

7 Joshua Gert, *Primitive Colors: A Case Study in Neo- pragmatist Metaphysics and Philosophy of Perception* (Oxford: Oxford University Press, 2017); Mazviita Chirimuuta, *Outside Color: Perceptual Science and the Puzzle of Color in Philosophy* (Cambridge, MA: MIT Press, 2015).

8 Dewey, *LW* 1: 65.

9 Huw Price, "Causal Perspectivalism," in *Causation, Physics, and the Constitution of Reality: Russell's Republic Revisited*, eds. H. Price and R. Corry (Oxford: Oxford University Press, 2007), 250–292.

10 As argued by Nancy Cartwright, *The Dappled World: A Study of the Boundaries of Science* (Cambridge, UK: Cambridge University Press, 1999).

11 Peirce, CP 5.503.

12 Peirce, CP 5.431.

13 Peirce, CP 6.485.

第五章　后果中的真

1 James, *Works: Pragmatism*, 96.

2 James, *Works: Pragmatism*, 38, emphases in original.

3 威尔弗里德·塞拉斯是努力调和唯物主义经验论与概念理性主义斗争的典范。See Willem A. deVries, *Wilfrid Sellars* (Chesham, UK: Acumen, 2005); and Robert Brandom, *From Empiricism to Expressivism: Brandom Reads Sellars* (Cambridge, MA: Harvard University Press, 2015).

4 Robert B. Brandom, *Perspectives on Pragmatism: Classical, Recent, and Contemporary* (Cambridge, MA: Harvard University Press, 2011), 22.

5 适当关注语言、理性和经验的交织往往会引导哲学家走向实用主义的方向。例如，参见Richard Rorty在 *The Linguistic Turn*, 2nd ed. (Chicago: University of Chicago Press, 1992)中的导言和回顾性文章。更多的例子不断涌现，例如：Daniel Dennett, *The Intentional Stance* (Cambridge, MA: MIT Press,

1987); Donald Davidson, *The Essential Davidson* (Oxford: Oxford University Press, 2006); Robert Brandom, *Making It Explicit: Reasoning, Representing, and Discursive Commitment* (Cambridge, MA: Harvard University Press, 1994); John McDowell, *Mind and World* (Cambridge, MA: Harvard University Press, 1996); Fred Dretske, *Perception, Knowledge and Belief* (Cambridge, UK: Cambridge University Press, 2000); Ruth Millikan, *Varieties of Meaning* (Cambridge, MA: MIT Press, 2004); Huw Price, *Expressivism, Pragmatism and Representationalism* (Cambridge, UK: Cambridge University Press, 2013)。

6 In illustration, see Paul Boghossian and Timothy Williamson, *Debating the A Priori* (Oxford: Oxford University Press, 2020).

7 Peirce, CP 5.402.

8 James, *Works: Pragmatism*, 29.

9 Peirce, *EP* 2: 332.

10 James, *Works: Pragmatism*, 96−97.

11 Kenneth R. Westphal, *Grounds of Pragmatic Realism: Hegel's Internal Critique & Transformation of Kant's Critical Philosophy* (Leiden, Netherlands: Brill, 2018).

12 Dewey, *MW* 4: 68−69.

第六章 存有与思维

1 A twentieth century exemplar is Bertrand Russell, *An Inquiry into Meaning and Truth* (London: George Allen and Unwin, 1940).

2 The subjectivism flourishing during the nineteenth and twentieth centuries is called Personalism. Jan Olof Bengtsson, *The Worldview of Personalism* (Oxford: Oxford University Press, 2006); Juan Manuel Burgos, *An Introduction to Personalism* (Washington, DC: Catholic University of America Press, 2018).

3 On modern absolutism, see William Sweet, ed., *Bernard Bosanquet and the Legacy of British Idealism* (Toronto: University of Toronto Press, 2007).

4 Much of non- theistic Buddhism can overlap with pragmatism. Steve Odin, *The*

Social Self in Zen and American Pragmatism (Albany: State University of New York Press, 1996).

5 Peirce, *CP* 5.452. See also *CP* 5.525.

6 Dewey, *EW* 3: 66.

7 James, *Works: The Principles of Psychology*, vol. 1, 343−344.

8 James, *Works: The Meaning of Truth*, 45−46.

9 Dewey, *MW* 6: 447−448.

10 A recent defense of pragmatism from experience is Steven Levine, *Pragmatism, Objectivity, and Experience* (Cambridge, UK: Cambridge University Press, 2019).

11 Dewey, *ED* 1: 47−48.

12 My terminology of the "formulaic" and "concretic" proceeds from Dewey's distinction between universal and generic propositions in *Logic: The Theory of Inquiry*, *LW* 12: 263−279.

第七章　实用主义与认识论

1 Richard Rorty, *Objectivity, Relativism, and Truth* (Cambridge, UK: Cambridge University Press, 1991); Hilary Putnam, *The Threefold Cord: Mind, Body, and World* (New York: Columbia University Press, 1999); Nicholas Rescher, *Realism and Pragmatic Epistemology* (Pittsburgh: University of Pittsburgh Press, 2005); Richard J. Bernstein, *The Pragmatic Turn* (Malden, MA: Wiley- Blackwell, 2013).

2 Dewey, *The Quest for Certainty*, *LW* 4: 17, 18.

3 Dewey, *The Quest for Certainty*, *LW* 4: 23.

4 Dewey, *The Quest for Certainty*, *LW* 4: 140−141.

5 James, *Works: A Pluralistic Universe*, 99.

6 Peirce, *EP* 2: 129.

7 Royce, *The World and the Individual. First Series: The Four Historical Conceptions of Being* (New York: Macmillan, 1900), 112−132.

8 Dewey, *Essays in Experimental Logic*, *MW* 6: 111–122.

9 Edmund Gettier, "Is Justified True Belief Knowledge?" *Analysis* 23.6 (1963): 121–123.

10 See William Lycan, "The Gettier Problem Problem," in *Epistemology Futures*, ed. Stephen Hetherington (Oxford: Oxford University Press, 2006), 148–168; and John Turri, "In Gettier's Wake," in *Epistemology: The Key Thinkers*, ed. Stephen Hetherington (London: Continuum Press, 2012), 214–229.

11 See Roderick Chisholm, *The Problem of the Criterion* (Milwaukee.: Marquette University Press, 1973); and Richard Fumerton, "The Problem of the Criterion," in Th*e Oxford Handbook on Skepticism*, ed. John Greco (Oxford: Oxford University Press, 2008), 34–52.

第八章　交互的知识

1 Christopher Hookway, "American Pragmatism: Fallibilism and Cognitive Progress" in *Epistemology: the Key Thinkers*, ed. Stephen Hetherington (London: Continuum, 2008), 153–171; Joseph Margolis, "Rethinking Peirce's Fallibilism," in Margolis, *Pragmatism Ascendent* (Stanford, CA: Stanford University Press, 2012), 51–110.

2 Peirce, *CP* 5.402.

3 Christopher Hookway, *Truth, Rationality, and Pragmatism: Themes from Peirce* (Oxford: Oxford University Press, 2000), 21–43.

4 Peirce, *EP* 1: 139, with my substitutions of "inquirers."

5 对照以下展示：Cheryl J. Misak, *Truth and the End of Inquiry: A Peircean Account of Truth* (Oxford: Oxford University Press, 1991); Elizabeth F. Cooke, *Peirce's Pragmatic Theory of Inquiry: Fallibilism and Indeterminacy (London and New York: Continuum, 2007); Christopher Hookway, The Pragmatic Maxim: Essays on Peirce and Pragmatism (Oxford: Oxford University Press, 2012)*。

6 Dewey, *MW* 6: 37, 38.

7 Dewey, *MW* 6: 38–39.

第九章 生态学的心智

1 Terrence Deacon, *Incomplete Nature: How Mind Emerged from Matter* (New York: W. W. Norton, 2011); David Haig and Daniel Dennett, "Haig's 'Strange Inversion of Reasoning' (Dennett) and Making Sense: Information Interpreted as Meaning (Haig)" (2017), accessed August 2021 at http://philsci -archive.pitt.edu/13287/; Jeremy Sherman, *Neither Ghost Nor Machine: The Emergence and Nature of Selves* (New York: Columbia University Press, 2017); Alan Jasanoff, *The Biological Mind: How Brain, Body, and Environment Collaborate to Make Us Who We Are* (New York: Basic Books, 2018).

2 Dewey, *LW* 13: 324.

3 相对论之后的科学宇宙论都一致同意。参见：Roberto Mangabeira Unger and Lee Smolin, *The Singular Universe and the Reality of Time: A Proposal in Natural Philosophy* (Cambridge, UK: Cambridge University Press, 2014)。

4 Peirce, *CP* 6.268.

5 Dewey *LW* 1: 200–201.

6 模糊性是所有概念所固有的，而不仅仅限于符号中的含义或语言中的术语。关于模糊性的理论参见：Claudine Tiercelin, *Pragmatism and Vagueness: The Venetian Lectures* (Milan: Mimesis International, 2019); 和Kit Fine, *Vagueness: A Global Approach* (Oxford: Oxford University Press, 2020)。对一个词的固定含义并非源自说话者所意图的严格概念，而是由于语言习惯性用途所产生的幻觉。参见：Jody Azzouni, *Semantic Perception: How the Illusion of a Common Language Arises and Persists* (Oxford: Oxford University Press, 2013)。关于感受质和意识的神话，参见：Daniel C. Dennett, *Sweet Dreams: Philosophical Obstacles to a Science of Consciousness* (Cambridge, MA: MIT Press, 2005)。

7 詹姆斯的彻底经验主义作为一种方法，与中立一元论作为一种形而上学相结合。Erik C. Banks, *The Realistic Empiricism of Mach, James, and Russell: Neutral Monism Reconceived* (Cambridge, UK: Cambridge University Press, 2014). Eric James, *Routledge Philosophy Guidebook to William James on Psychology and Metaphysics* (London and New York: Routledge, 2009). David C.

Lamberth, *William James and the Metaphysics of Experience* (Cambridge, UK: Cambridge University Press, 1999).

8 James, "Does Consciousness Exist?" *Works: Essays in Radical Empiricism*, 3–4, 13, 14.

9 詹姆斯与埃德蒙德·胡塞尔不同，他并没有从日常经验中去还原可观察的世界，以找到一种形而上学上原始的"主体性"，这种主体性具有自身无疑的本质。对于彻底经验主义来说，在客观性和主观性被平等对待为涌现现象之后，现象就是世界本身。杜威对"直接经验"的处理也是相同的策略。关于实用主义和现象学参见：Maria Baghramian and Sarin Marchetti, eds., *Pragmatism and the European Traditions: Encounters with Analytic Philosophy and Phenomenology before the Great Divide* (London: Routledge, 2017); and Jakub Čapek and Ondřej Švec, eds., *Pragmatic Perspectives in Phenomenology* (New York and London: Routledge, 2017)。

10 Dewey, *Art as Experience*, *LW* 10: 268.

11 Dewey, *Art as Experience*, *LW* 10: 13.

12 有必要选出一些书来：Peter Godfrey- Smith, *Complexity and the Function of Mind in Nature* (Cambridge, UK: Cambridge University Press, 1998); Susan Hurley, *Consciousness in Action* (Cambridge, MA: Harvard University Press, 1998); Alva Noë, *Action in Perception* (Cambridge, MA: MIT Press, 2004); Richard Menary, ed., *The Extended Mind* (Cambridge, MA: MIT Press, 2010); Andreas K. Engel, Karl J. Friston, and Danica Kragic, eds., *The Pragmatic Turn: Toward Action- Oriented Views in Cognitive Science* (Cambridge, MA: MIT Press, 2016)。

13 Peirce, *CP* 5.313. See Richard K. Atkins, *Charles S. Peirce's Phenomenology: Analysis and Consciousness* (Oxford: Oxford University Press, 2018).

14 Peirce, *CP* 5.212.

15 Scott Sehon, *Teleological Realism: Mind, Agency, and Explanation* (Cambridge, MA: MIT Press, 2005); Roman Madzia and Matthias Jung, eds., *Pragmatism and Embodied Cognitive Science* (Berlin: De Gruyter, 2016); Mark Johnson,

Embodied Mind, Meaning, and Reason: How Our Bodies Give Rise to Understanding (Chicago: University of Chicago Press, 2017); Pentti Määttänen, *Mind in Action: Experience and Embodied Cognition in Pragmatism* (Cham, Switzerland: Springer, 2018); Jay Schulkin and Matthew Crippen, *Mind Ecologies: Body, Brain, and World* (New York: Columbia University Press, 2020).

16 这类例子詹姆斯等人讨论过：James, *The Principles of Psychology* (New York: Henry Holt, 1890), vol. 1, 24–26; and Dewey, "the Reflex Arc Concept in Psychology" (1896), *ED* 2: 3–10。

17 Hilary Putnam, *Mind, Languages and Reality, Philosophical Papers*, vol. 2 (Cambridge, UK: Cambridge University Press, 1975), 227.

18 Dewey, *LW* 1: 179.

第十章 社会、自我和心智

1 能通过"镜子测试"展示出个体意识的动物，恰巧也是大多数对熟悉的同类死亡表现出哀悼行为的物种：人类、黑猩猩、倭黑猩猩、红毛猩猩、大猩猩、宽吻海豚、虎鲸、大象和鸦科鸟类（喜鹊、乌鸦、渡鸦）。关于动物心理，请参阅：Kristin Andrews and Jacob Beck, eds., *The Routledge Handbook of Philosophy of Animal Minds* (Abingdon, UK, and New York: Routledge, 2018)。

2 Russell, *Logic and Knowledge*, ed. R. C. Marsh (London: George Allen and Unwin, 1956), 42.

3 Daniel Dennett, *Consciousness Explained* (Boston: Little, Brown, 1991).

4 B. F. Skinner, *The Behavior of Organisms: An Experimental Analysis* (Englewood Cliffs, NJ: Prentice- Hall, 1938); B. F. Skinner, *Science and Human Behavior* (New York: Macmillan, 1953).

5 Jean Piaget, *The Construction of Reality in the Child*, trans. Margaret Cook (New York: Basic Books, 1954); L. S. Vygotsky, *Mind in Society: The Development of Higher Psychological Processes* (Cambridge, MA: Harvard University Press,

1978).

6 George H. Mead, *Mind, Self, and Society from the Standpoint of a Social Behaviorist*, ed. Charles W. Morris (Chicago: University of Chicago Press, 1934), 140.

7 Dewey, *MW* 10: 63.

8 Noam Chomsky, *Language and Mind* (New York: Harcourt, Brace & World, 1968). Jerry A. Fodor, *Psychosemantics: The Problem of Meaning in the Philosophy of Mind* (Cambridge, MA: MIT Press, 1987). Pragmatism views pragmatics as the grounding stage, with semantics and syntax as developmental refinements. For an overview, see James Russell, *What is Language Development? Rationalist, Empiricist, and Pragmatist Approaches to the Acquisition of Syntax* (Oxford: Oxford University Press, 2004).

9 John R. Searle, *Intentionality: An Essay in the Philosophy of Mind* (Cambridge, UK: Cambridge University Press, 1983), 230; John R. Searle, *Making the Social World: The Structure of Human Civilization* (New York: Oxford University Press, 2010), 4.

10 Searle, *Making the Social World*, 44.

11 Susan T. Fiske, *Social Beings: A Core Motives Approach to Social Psychology* (Hoboken, NJ: Wiley, 2010), 128.

12 其中包括以下作品：Michael Gazzaniga, *The Social Brain* (New York: Basic Books, 1985); Albert Bandura, *The Social Foundations of Thought and Action: A Social Cognitive Theory* (Englewood Cliffs, NJ: Prentice Hall, 1986); James Wertsch, *Voices of the Mind: A Sociocultural Approach to Mediated Action (Cambridge, MA: Harvard University Press, 1991); Radu Bogdan, Minding Minds: Evolving a Reflexive Mind by Interpreting Others (Cambridge, MA: MIT Press, 2000); Philippe Rochat, Others in Mind: Social Origins of Self-Consciousness (Cambridge, UK: Cambridge University Press, 2009)*。

13 Albert Newen, Shaun Gallagher, and Leon De Bruin, eds., *The Oxford Handbook of 4E Cognition* (Oxford: Oxford University Press, 2018); Michael D. Kirchhoff

and Julian Kiverstein, *Extended Consciousness and Predictive Processing: A Third- Wave View* (London and New York: Routledge, 2019); Kirk Ludwig and Marija Jankovic, eds., *The Routledge Handbook of Collective Intentionality* (Abingdon, UK and New York: Routledge, 2017).

14 Eliot R. Smith and Frederica Conrey, "The Social Context of Cognition," in *Cambridge Handbook of Situated Cognition*, eds. P. Robbins and M. Aydede (Cambridge, UK: Cambridge University Press, 2009), 456.

15 Robin Dunbar, Clive Gamble, and John Gowlett, eds., *Social Brain, Distributed Mind* (Oxford: Oxford University Press, 2010); Clive Gamble, John Gowlett, and Robin Dunbar, *Thinking Big: How the Evolution of Social Life Shaped the Human Mind* (London: $ ames and Hudson, 2014).

16 Amy A. Weimer, Katherine Rice Warnell, Idean Ettekal, Kelly B. Cartwright, Nicole R. Guajardo, and Jeffrey Liew, "Correlates and Antecedents of Theory of Mind Development during Middle Childhood and Adolescence: An Integrated Model," *Developmental Review* 59 (March 2021): 100945; Lisa M. Oakes and David H. Rakison, *Developmental Cascades: Building the Infant Mind* (Oxford: Oxford University Press, 2019); Jean Decety, ed., *The Social Brain: A Developmental Perspective* (Cambridge, MA: MIT Press, 2020).

17 Anthony D. Pellegrini, *The Role of Play in Human Development* (Oxford: Oxford University Press, 2009).

18 Peirce, *CP* 5.421.

19 对于20世纪的哲学家来说，关于观念论、集体主义和社会主义相结合的辩论术语，是由Bernard Bosanquet在 *The Philosophical Theory of the State* (London: George Allen and Unwin, 1899) 的辩护设定的；以及 L. T. Hobhouse 在 *The Metaphysical Theory of the State: A Criticism* (London: George Allen and Unwin, 1918) 中的回应所规定的。

20 Michael E. Bratman, *Shared Agency: A Planning Theory of Acting Together* (Oxford: Oxford University Press, 2014); John Cacioppo, Penny Visser, and Cynthia Pickett, eds., *Social Neuroscience: People Thinking about Thinking*

People (Cambridge, MA: MIT Press, 2006); David D. Franks, *Neurosociology* (New York: Springer, 2010); Christian List and Philip Pettit, *Group Agency: The Possibility, Design, and Status of Corporate Agents* (Oxford: Oxford University Press, 2011); Dermot Moran and Thomas Szanto, eds., *Phenomenology of Sociality: Discovering the "We"* (New York and London: Routledge, 2016).

21 虽然这种**赋权**（empowerment）的自由观是自然主义的，但它并不是另一种相容论或行动者因果解释。决定论与非决定论的争论与智能实践无关。昆虫之所以没有自由意志，不是因为它们不决定自己的行动，而是因为它们无法控制自己的反应。Dewey, *Human Nature and Conduct: An Introduction to Social Psychology* (New York: Henry Holt, 1922), 303–305; Daniel Dennett, *Freedom Evolves* (New York: Viking, 2003).

第十一章　文化和人格

1 Joseph Henrich, *The Secret of Our Success: How Culture is Driving Human Evolution* (Princeton, NJ: Princeton University Press, 2016), 35.

2 Michael Tomasello, *Becoming Human: A Theory of Ontogeny* (Cambridge, MA: Harvard University Press, 2019); John Parrington, *Mind Shift: How Culture Transformed the Human Brain* (Oxford: Oxford University Press, 2021); Laurence J. Kirmayer, Carol M. Worthman, Shinobu Kitayama, Robert Lemelson, and Constance Cummings, eds., *Culture, Mind, and Brain: Emerging Concepts, Models, and Applications* (Cambridge, UK: Cambridge University Press, 2020).

3 Melvin Konner, *The Evolution of Childhood: Relationships, Emotion, Mind* (Cambridge, MA: Harvard University Press, 2010); Michael Tomasello, *A Natural History of Human Thinking* (Cambridge, MA: Harvard University Press, 2014).

4 Michael C. Corballis. *The Recursive Mind: The Origins of Human Language, Thought, and Civilization* (Princeton, NJ: Princeton University Press, 2011). See also Ronald J. Planer and Kim Sterelny, *From Signal to Symbol: The Evolution of Language* (Cambridge, MA: MIT Press, 2021).

5 Robin Dunbar在以下文献中将意向性的等级与前智人进化的阶段联系起

来："The Social Brain and the Cultural Explosion of the Human Revolution," in *Rethinking the Human Revolution: New Behavioural and Biological Perspectives on the Origin and Dispersal of Modern Humans*, eds. Paul Mellars, Katie Boyle, Ofer Bar- Yosef, and Chris Stringer (Cambridge, UK: McDonald Institute, 2007), 91–98。也见Nathan Oesch and Robin Dunbar, "The Emergence of Recursion in Human Language: Mentalising Predicts Recursive Syntax Task Performance," *Journal of Neurolinguistics* 43 (August 2017): 95–106; John Gowlett, Clive Gamble, and Robin Dunbar, "Human Evolution and the Archaeology of the Social Brain," *Current Anthropology* 53.6 (December 2012): 693–710; Thomas Wynn and Frederick Coolidge, "Archeological Insights into Hominin Cognitive Evolution," *Evolutionary Anthropology* 25.4 (2016): 200–213。

6 参见：Robert Bierstedt, *American Sociological Theory: A Critical History* (New York: Academic Press, 1981), 98; Cooley's theory of the social self is in *Human Nature and the Social Order* (New York: Charles Scribner's Sons, 1902), chaps. 5–6; and *Social Organization: A Study of the Larger Mind* (New York: Charles Scribner's Sons, 1909)。

7 可以区分出文化发展的几个关键阶段。参见：Alan Barnard, "Unity versus Interdisciplinarity: A Future for Anthropology," *Current Anthropology* 57.3 (2016): S145–S153。最近关于认知古人类学和文化演化的研究包括以下内容：Daniel H. Lende and Greg Downey, eds., *The Encultured Brain: An Introduction to Neuroanthropology* (Cambridge, MA: MIT Press, 2012); R. I. M. Dunbar, Clive Gamble, and J. A. J. Gowlett, eds., *Lucy to Language: The Benchmark Papers* (Oxford: Oxford University Press, 2014); Thomas Wynn and Frederick Coolidge, eds., *Cognitive Models in Palaeolithic Archaeology* (Oxford: Oxford University Press, 2016); Christoph Durt, Thomas Fuchs, and Christian Tewes, eds., *Embodiment, Enaction, and Culture: Investigating the Constitution of the Shared World* (Cambridge, MA: MIT Press, 2017); Karenleigh A. Overmann

and Frederick L. Coolidge, eds., *Squeezing Minds From Stones: Cognitive Archaeology and the Evolution of the Human Mind* (Oxford: Oxford University Press, 2019); Anna Marie Prentiss, ed., *Handbook of Evolutionary Research in Archaeology* (Cham, Switzerland: Springer International, 2019); Tracy Henley, Matt Rossano, and Edward Kardas, eds., *Handbook of Cognitive Archaeology* (London and New York: Routledge, 2019)。

8 Dewey, *LW* 6: 32.

9 Joseph Margolis, *Historied Thought, Constructed World* (Berkeley: University of California Press, 1995); Roberta Dreon, *Human Landscapes: Contributions to a Pragmatist Anthropology* (Albany: State University of New York Press, 2022).

10 Kim Sterelny, The *Evolved Apprentice: How Evolution Made Humans Unique* (Cambridge, MA: MIT Press, 2012); Kim Sterelny, *The Pleistocene Social Contract: Culture and Cooperation in Human Evolution* (Oxford: Oxford University Press, 2021).

11 从理性主义的角度来看，源于环境条件的错误内部表征持续存在似乎是不可能的或无法解释的，但即使是误导性的重表现仍然能对可改进的行为起作用。参见：M. H. Bickhard, "The Emergence of Persons," in *Embodiment, Enaction, and Culture*, eds. Christoph Durt, Thomas Fuchs, and Christian Tewes (Cambridge, MA: MIT Press, 2017), 201−213。

12 溯因推理的实验主义充分证明了科学实在论的合理性。参见：John R. Shook, "Abduction, Complex Inferences, and Emergent Heuristics of Scientific Inquiry" and "Abduction, the Logic of Scientific Creativity, and Scientific Realism" in *Abduction in Cognition and Action*, eds. John R. Shook and Sami Paavola (Cham, Switzerland, 2021), 177−206, 207−227。

13 Leo Townsend, Preston Stovall, and Hans Bernhard Schmid, eds., *The Social Institution of Discursive Norms* (Abingdon, UK and New York: Routledge, 2021); Joseph Margolis, *Selves and Other Texts: The Case for Cultural Realism* (University Park, PA: Penn State University Press, 2001).

· 延伸阅读

Charles Sanders Peirce

Collected Papers of Charles S. Peirce. 8 vols. Edited by Charles Hartshorne and Paul Weiss (vols. 1–6) and Arthur Burks (vols. 7–8). Cambridge, MA: Harvard University Press, 1931–1958. Citations are given by *CP* with volume and paragraph numbers.

Writings of Charles S. Peirce. Peirce Edition Project. Bloomington: Indiana University Press, 1982–present.

Volume 1, 1857–1866. Max H. Fisch, General Editor. 1982.

Volume 2, 1867–1871. Edward C. Moore, General Editor. 1984.

Volume 3: 1872–1878. Max H. Fisch, Senior Editor. 1986.

Volume 4: 1879–1884. Max H. Fisch, Senior Editor. 1989.

Volume 5: 1884–1886. Max H. Fisch, Senior Editor. 1993.

Volume 6: 1887–1890. Nathan Houser, General Editor. 1999.

Volume 7: forthcoming.

Volume 8: 1890–1892. Nathan Houser, General Editor. 2009.

The Essential Peirce. Vol. 1, 1867–1893. Vol. 2, 1893–1913. Peirce Edition Project.

Bloomington: Indiana University Press, 1991, 1998. Citations are given by *EP*, volume number, and page number.

Pragmatism as a Principle and Method of Right Thinking: The 1903 Harvard Lectures on Pragmatism. Edited by Patricia Ann Turrisi. Albany: State University of New York Press, 1997.

Illustrations of the Logic of Science. Edited by Cornelis de Waal. Chicago: Open Court, 2014.

William James

The Works of William James, 18 vols. Frederick Burkhardt, General Editor; Fredson Bowers, Textual Editor; Ignas K. Skrupskelis, Associate Editor. Cambridge, MA: Harvard University Press, 1975–1984.

Citations are given by *Works* followed by book title and page numbers.

The Meaning of Truth, 1975.

Pragmatism, 1975.

Essays in Radical Empiricism, 1976.

A Pluralistic Universe, 1977.

Essays in Philosophy, 1978.

Some Problems of Philosophy, 1979.

The Will to Believe and Other Essays, 1979.

The Principles of Psychology, 3 vols., 1981.

Essays in Religion and Morality, 1982.

Essays in Psychology, 1983.

Talks to Teachers on Psychology, 1983.

Psychology, Briefer Course, 1984.

The Varieties of Religious Experience, 1985.

Essays in Psychical Research, 1986.

Essays, Comments, and Reviews, 1987.

Manuscript Essays and Notes, 1988.

The Writings of William James. Edited with an introduction by John J. McDermott. Chicago: University of Chicago Press, 1978.

Writings 1878–1899 of William James. Edited by Gerald E. Meyers. New York: The Library of America, 1987.

Writings 1902–1910 of William James. Edited by Bruce Kuklick. New York: The Library of America, 1987.

The Essential William James. Edited by John R. Shook. Amherst, NY: Prometheus Books, 2011.

John Dewey

The Early Works of John Dewey, 1882–1898. 5 vols. Edited by Jo Ann Boydston. Carbondale: Southern Illinois University Press, 1969–1972. Citations are given by *EW*, volume number, and page number.

The Middle Works of John Dewey, 1899–1924. 15 vols. Edited by Jo Ann Boydston. Carbondale: Southern Illinois University Press, 1976–1983. Citations are given by MW, volume number, and page number.

The Later Works of John Dewey, 1925–1953. 17 vols. Edited by Jo Ann Boydston. Carbondale: Southern Illinois University Press, 1981–1990. Citations are given by LW, volume number, and page number.

The Philosophy of John Dewey. Edited by John J. McDermott. Chicago: University of Chicago Press, 1989.

The Essential Dewey, 2 volumes. Volume 1: Pragmatism, Education, Democracy. Volume 2, Ethics, Logic, Psychology. Edited by Larry A. Hickman and Thomas M. Alexander. Bloomington: Indiana University Press, 1998. Citations given by ED with volume number and page number.

George Herbert Mead

The Philosophy of the Present. Edited by Arthur E. Murphy. La Salle, IL: Open Court, 1932.

Mind, Self, and Society from the Standpoint of a Social Behaviorist. Edited by Charles W. Morris. Chicago: University of Chicago Press, 1934.

Movements of Thought in the Nineteenth Century. Edited by Merritt H. Moore. Chicago: University of Chicago Press, 1936.

The Philosophy of the Act. Edited by Charles W. Morris in collaboration with J. M. Brewster, A. M. Dunham, and D. L. Miller. Chicago: University of Chicago Press, 1938.

Selected Writings: George Herbert Mead. Edited by Andrew Reck. Chicago: University of Chicago Press, 1981.

George Herbert Mead on Social Psychology. Edited by Anselm L. Strauss. Chicago: University of Chicago Press, 1964.

Secondary Literature

Alexander, Thomas M. The Human Eros: Eco- ontology and the Aesthetics of

Existence. New York: Fordham University Press, 2013.

Allen, Gay Wilson. *William James, a Biography*. New York: Viking Press, 1967.

Apel, Karl- Otto. *Charles S. Peirce: From Pragmatism to Pragmaticism*. Amherst: University of Massachusetts Press, 1981.

Atkin, Albert. *Peirce*. London: Routledge, 2016.

Bacon, Michael. *Pragmatism: An Introduction*. Cambridge, UK: Polity, 2012.

Bernstein, Richard J. *The Pragmatic Turn*. Cambridge, UK: Polity, 2010.

Bird, Graham. *William James*. London and New York: Routledge and Kegan Paul, 1986.

Bjork, Daniel W. *William James: The Center of His Vision*. New York: Columbia University Press, 1988.

Blumer, Herbert. *George Herbert Mead and Human Conduct*, ed. Thomas J. Morrione. Walnut Creek, CA: AltaMira Press, 2004.

Bordogna, Francesca. *William James at the Boundaries: Philosophy, Science, and the Geography of Knowledge*. Chicago: University of Chicago Press, 2008.

Burke, F. Thomas. *What Pragmatism Was*. Bloomington: Indiana University Press, 2013.

Calcattera, Rosa Maria. *Contingency and Normativity: In Dialogue with Richard Rorty*. Leiden, Netherlands: Brill, 2019.

Carreira da Silva, Filipe. *G. H. Mead: A Critical Introduction*. Cambridge, UK: Polity, 2007.

Cochran, Molly, ed. *The Cambridge Companion to Dewey*. Cambridge, UK: Cambridge University Press, 2010.

Colapietro, Vincent M. *Peirce's Approach to the Self: A Semiotic Perspective on*

Human Subjectivity. Albany: State University of New York Press, 1989.

Cooke, Elizabeth F. Peirce's Pragmatic Theory of Inquiry: Fallibilism and Indeterminacy. London and New York: Continuum, 2007.

Deledalle, Gérard. Charles S. Peirce's Philosophy of Signs. Bloomington: Indiana University Press, 2000.

de Waal, Cornelis. Introducing Pragmatism: A Tool for Rethinking Philosophy. Abingdon, UK: Routledge, 2021.

Fesmire, Steven. Dewey. London and New York: Routledge, 2015.

Fesmire, Steven, ed. The Oxford Handbook of Dewey. Oxford: Oxford University Press, 2019.

Gava, Gabriele. Peirce's Account of Purposefulness: A Kantian Perspective. London and New York: Routledge, 2014.

Goodman, Russell B. Wittgenstein and William James. Cambridge: Cambridge University Press, 2002.

Hickman, Larry A. Pragmatism as Post- postmodernism: Lessons from John Dewey. New York: Fordham University Press, 2007.

Hull, Kathleen A., and Richard K. Atkins, ed. Peirce on Perception and Reasoning: From Icons to Logic. London and New York: Routledge, 2017.

Joas, Hans, and Daniel R. Huebner, eds. The Timeliness of George Herbert Mead. Chicago: University of Chicago Press, 2016.

Kitcher, Philip. Preludes to Pragmatism: Toward a Reconstruction of Philosophy. Oxford: Oxford University Press, 2012.

Klein, Alexander, ed. The Oxford Handbook of William James. Oxford: Oxford University Press, 2022.

Maddalena, Giovanni. The Philosophy of Gesture: Completing Pragmatists' Incomplete Revolution. Montreal: McGill–Queen's University Press, 2015.

Malachowski, Alan, ed. The Cambridge Companion to Pragmatism. Cambridge, UK: Cambridge University Press, 2013.

Malachowski, Alan, ed. A Companion To Rorty. Malden, MA: Wiley- Blackwell, 2020.

Margolis, Joseph. The Critical Margolis, ed. Russell Pryba. Albany: State University of New York Press, 2021.

Martin, Jay. The Education of John Dewey: A Biography. New York: Columbia University Press, 2003.

Mayorga, Rosa. From Realism to "Realicism": The Metaphysics of Charles Sanders Peirce. Lanham, MD: Lexington Books, 2007.

McGranahan, Lucas. Darwinism and Pragmatism: William James on Evolution and Self- Transformation. London and New York: Routledge, 2017.

Merrell, Floyd. Peirce, Signs and Meaning. Toronto: University of Toronto Press, 1997.

Misak, Cheryl, ed. The Cambridge Companion to Peirce. Cambridge, UK: Cambridge University Press, 2004.

Parker, Kelly A. The Continuity of Peirce's Thought. Nashville: Vanderbilt University Press, 1998.

Price, Huw. Naturalism Without Mirrors. Oxford: Oxford University Press, 2011.

Rescher, Nicholas. Pragmatism: The Restoration of its Scientific Roots. New Brunswick, NJ: Transaction Publishers, 2012.

Richardson, Joan. Pragmatism and American Experience: An Introduction.

Cambridge, UK: Cambridge University Press, 2014.

Rosenthal, Sandra B. Charles Peirce's Pragmatic Pluralism. Albany: State University of New York Press, 1994.

Schneider, Herbert W. A History of American Philosophy, 2nd ed. New York: Columbia University Press, 1963.

Schulkin, Jay. Naturalism and Pragmatism. New York: Palgrave Macmillan, 2012.

Schwartz, Robert. Rethinking Pragmatism: From William James to Contemporary Philosophy. Malden, MA: Wiley- Blackwell, 2012.

Shook, John R. Dewey's Empirical Theory of Knowledge and Reality. Nashville: Vanderbilt University Press, 1998.

Shook, John R., and Joseph Margolis, ed. A Companion to Pragmatism. Malden, MA: Blackwell, 2006.

Spencer, Albert R. American Pragmatism. Cambridge, UK: Polity, 2020.

Thayer, H. Standish. Meaning and Action: A Critical History of Pragmatism, 2nd ed. Indianapolis: Hackett, 1981.

Whitehead, Deborah. William James, Pragmatism, and American Culture. Bloomington: Indiana University Press, 2015.

·索　引*

A

* 索引标注页码为原书页码，即本书边码。

B

C

D

E

G

H

I

J

K

L

M

N

O

P

Q

R

S

T

U

V

W

图书在版编目（CIP）数据

实用主义 /（美）约翰・R.舒克著；程都译.北京：商务印书馆, 2025. —（交界译丛）. — ISBN 978 – 7 – 100 – 25002 – 3

Ⅰ. B087-53

中国国家版本馆CIP数据核字第20253WY474号

实 用 主 义

〔美〕约翰・R. 舒克　著

程　都　译

商　务　印　书　馆　出　版

（北京王府井大街36号　邮政编码 100710）

商　务　印　书　馆　发　行

山西人民印刷有限责任公司印刷

ISBN　978 – 7 – 100 – 25002 – 3

2025年6月第1版　　开本 889×1194　1/32

2025年6月第1次印刷　　印张 10

定价：75.00元